Guttentagsche Sammlung
Nr. 127. Deutscher Reichsgesetze. Nr. 127.
Textausgaben mit Anmerkungen.

Die Geschäftsaufsicht
zur
Abwendung des Konkurses

(Verordnung des Bundesrats vom 14. Dez. 1916).

Erläutert von

Dr. Georg Klien,
Rechtsanwalt in Leipzig.

Mit Einleitung über die Ordnung der Geschäftsaufsicht
von

Geh. Hofrat **Dr. Ernst Jaeger,**
ordentl. Professor der Rechte an der Universität Leipzig.

Berlin 1917.
J. Guttentag, Verlagsbuchhandlung,
G. m. b. H.

Vorwort.

Schon bei den vertraulichen Beratungen über die neue Aufsichtsverordnung — an denen der Unterzeichnete teilnahm — zeigte sich, welche Schwierigkeiten auf diesem Weg ins Neuland noch zu überwinden sein werden. Manche der von sachverständiger Seite geäußerten Wünsche für die Gestaltung des Verfahrens haben beim Gesetzgeber Gehör gefunden, viele leider auch nicht. So weist dieses wirtschaftlich hochbedeutsame Gesetz starke Lücken und Mängel auf; erst die Praxis kann sie ausgleichen und beheben. Für den Verfasser erschien es deshalb ratsam, bei einzelnen besonders streitigen Fragen, deren alsbaldige Klärung durch die Rechtsprechung unausbleiblich ist, eine gewisse Vorsicht walten zu lassen und ein abschließendes Urteil zunächst noch zurückzustellen. Denn die vorliegende handliche Ausgabe ist in erster Linie für den Gebrauch in der Praxis bestimmt und soll den Aufsichtspersonen eine rasche Unterrichtung über alles Grundlegende ermöglichen.

Eine Fülle von Anregungen verdanke ich neben Herrn Geheimrat Dr. Ernst Jaeger auch Herrn Dr. Erich Klien,

Regierungsrat im Sächs. Ministerium des Innern, bisher Sekretär der Handelskammer zu Leipzig. Seine geplante Mitarbeit an den Erläuterungen mußte lediglich infolge äußerer Umstände zunächst unterbleiben. Anregungen und praktische Winke aller Art habe ich ferner den Leipziger Geschäftsaufsichts-Richtern Herren Oberjustizrat Müller und Amtsgerichtsrat Dr. Schumann zu verdanken.

Leipzig, im Februar 1917.

Dr. Georg Klien.

Abkürzungen.

BO. = Verordnung über die Geschäftsaufsicht zur Abwendung des Konkurses v. 14. Dez. 1916 (Reichs-Gesetzbl. 1916 S. 1363 ff.).

Begr. = Begründung des Entwurfs der Verordnung über die Geschäftsaufsicht zur Abwendung des Konkurses, Reichsanzeiger 1916 Nr. 298.

Im übrigen sind die allgemein gebräuchlichen Abkürzungen gewählt (vgl. Vorschläge des Deutschen Juristentags, 2. Ausgabe, Guttentag, Berlin 1910).

Erwähnt seien:

AG. = Amtsgericht.

LG. = Landgericht.

OLG. = Oberlandesgericht.

BankArch. = Bank-Archiv, Zeitschrift für Bank- und Börsenwesen.

BGB. = Bürgerliches Gesetzbuch.

Gen.Ges. = Gesetz, betreffend die Erwerbs- und Wirtschaftsgenossenschaften (Reichs-Gesetzbl. 1898 S. 810).

GVG. = Gerichtsverfassungsgesetz.

G.m.b.H. = Gesetz, betreffend die Gesellschaften mit beschränkter Haftung (Reichs-Gesetzbl. 1898 S. 846).

JW. = Juristische Wochenschrift, herausgegeben vom Deutschen Anwaltsverein.

KO. = Konkursordnung.

LZ. = Leipziger Zeitschrift für Deutsches Recht.
Recht = Das Recht. Rundschau für den Deutschen Juristenstand.
RG. = Entscheidungen des Reichsgerichts in Zivilsachen.
SäArchR. = Sächsisches Archiv für Rechtspflege.
SeuffA. = J. A. Seufferts Archiv für Entscheidungen der obersten Gerichte in den deutschen Staaten.
ZPO. = Zivilprozeßordnung.

Schrifttum.

Vgl. die Zusammenstellung im Kriegsbuch (die Kriegsgesetze mit der amtlichen Begründung und der gesamten Rechtsprechung und Rechtslehre) von Güthe und Schlegelberger, Berlin, Bd. 1, 1915, S. 326 ff.; Bd. 2, 1916, S. 97 ff.; Bd. 3, 1917, S. 108 ff.

Inhaltsverzeichnis.

A. Einleitung.

1. Geschichtlicher Rückblick.

Die durch den Ausbruch des Krieges veranlaßte Notverordnung vom 8. Aug. 1914, betreffend die Anordnung einer Geschäftsaufsicht zur Abwendung des Konkursverfahrens, bedeutete unzweifelhaft eine für die wirtschaftlichen Gesamtinteressen hochwichtige Schutzmaßnahme. Ansätze für eine Geschäftsaufsicht finden sich bereits in der alten Ordnung der Generalmoratorien, so in § 72 ff. I 47 der Allgemeinen Gerichts-Ordnung für die preußischen Staaten von 1793, auf die Bendix in JW. 1914 S. 1000 ff. hinweist. Mögen die alten Vorschriften zur Unterlage gedient haben oder nicht: die Notverordnung vom 8. Aug. 1914 war eine gesetzgeberische Tat, kraft deren die durch die plötzlichen Stockungen in Handel und Wandel gefährdeten Einzelpersonen vor dem alsbaldigen Vermögensverfall bewahrt wurden, ohne daß dem deutschen Wirtschaftsleben die Nachteile eines allgemeinen Moratoriums auferlegt zu werden brauchten. Indessen hatte der Gesetzgeber offensichtlich nur mit einer kürzeren Kriegsdauer gerechnet und angenommen, daß der nach bestimmten Richtungen überwachte, im übrigen aber in seiner Verfügungsbefugnis nicht beschränkte Schuldner sich unter dem Schutz des Aufsichtsmoratoriums alsbald wirtschaftlich wieder aufrichten werde. Der erstrebte Zweck ist zumeist nur in solchen Fällen erreicht worden, wo der Schuldner in der Lage war, sein Unternehmen der mit der Kriegslage an Bedeutung und Umfang wachsenden Kriegsindustrie dienstbar zu machen und gegebenenfalls anzupassen. In vielen anderen Fällen verschlechterten sich mit der Länge und Ausdehnung des Krieges die Verhältnisse des Schuldners, da auf der einen Seite alle ausländischen Einnahmequellen versiegten und die Möglichkeit, Außenstände — vor allem solche gegen Kriegsteilnehmer — beizutreiben, sank, während andrerseits andauernd die Passiven, insbesondere die Zinsen wuchsen. So schwanden vielfach mehr und mehr die Aussichten auf eine Behebung der Zahlungsfähigkeit nach dem Kriege. Alsbaldige wirtschaftliche Zusammenbrüche nach Aufhebung der Geschäftsaufsicht schienen unvermeidlich, wenn dem Schuldner nicht die Wege zu einem konkursabwendenden Zwangsvergleich geebnet wurden. Nun hatten zwar manche Schuldner schon sich unter dem Schutz der Geschäftsaufsicht mit ihren Gläubigern zu vergleichen vermocht. Allein es fehlte im allgemeinen zur Durchführung solchen Vergleiches ein Recht zum Zwang gegenüber einer unverständigen oder böswilligen Gläubigerminderheit, die nach wie vor durch ihren Widerspruch das Zustandekommen eines der Allgemeinheit der Gläubiger förderlichen Akkords vereiteln konnte. Diese Verhältnisse drängten von selbst dazu, die erwähnten Bundesratsvorschriften zu einer Ausgleichsordnung auszubauen oder doch als Grundlage dafür zu verwenden. Die neue — anstelle der alten getretene — Verordnung hat den letzteren Weg beschritten. Sie bringt den Zwangsausgleich außerhalb des Konkurses, wenn auch nur für solche Schuldner, die bereits unter Geschäftsaufsicht stehen, für die mithin — wegen des bereits vorhandenen Moratoriums — der Akkord voraussichtlich am leichtesten zu erreichen ist.

Damit tritt zum ersten Male der heiß erstrebte Präventivakkord, wenn auch verklausuliert, auch in Deutschland gesetzlich auf den Plan. Sein Problem hat eine lange Geschichte hinter sich.

Schon 1868 hatte der Deutsche Handelstag sich für ein Konkursverhütungsverfahren ausgesprochen. Der „Entwurf einer Deutschen Gemeinschuldordnung" vom Jahre 1873 enthielt nach dem Vorgange deutscher Landesrechte entsprechende Bestimmungen, sie fanden aber beim Bundesrat keine Billigung. Die Reichstagskommission zur Beratung des Entwurfs der Konkursordnung hielt gleichfalls eine Sonderregelung für untunlich.

Auch bei Beschlußfassung über die Novelle zur KO. von 1898 verharrten die gesetzgebenden Faktoren — entgegen den lebhaften Wünschen des Handelsstandes — bei ihrem ablehnenden Standpunkt, obwohl bereits zahlreiche ausländische Gesetze inzwischen dem Konkursabwendungsvergleich und ähnlichen Einrichtungen Geltung verschafft hatten (England, Belgien, Luxemburg, Frankreich, die Schweiz).

Als in der Folgezeit im Ausland die Bewegung mehr und mehr Boden fand (in Norwegen, Ägypten, Holland, Brasilien, Italien, Dänemark, sowie neuestens: in den Ausgleichsordnungen für Österreich vom 10. Dez 1914 und für Ungarn vom 16. Nov. 1915), wuchsen die Anhänger des Präventivakkordes auch in Deutschland mehr und mehr. Namhafte Schriftsteller traten dafür ein. Der deutsche Anwaltstag, der deutsche Handelstag 1905 und zahlreiche wirtschaftliche Vereine und Verbände verlangten nachdrücklich eine gesetzliche Regelung. Auch im Reichstag kam die Angelegenheit wieder zur Sprache (Sitzungen vom 12. Jan. 1903, 20. und 24. Febr. 1906). Ende 1906 legte das Reichsjustizamt eine Denkschrift über das gerichtliche Zwangsvergleichsverfahren außerhalb des Konkurses vor, worin insbesondere die ausländischen Gesetze einer eingehenden Prüfung und Kritik unterzogen, im Endergebnis aber wiederum den Reformbestrebungen entgegengetreten wurde. Die gesunde Gegenbewegung ließ sich nicht unterdrücken. Erneut entbrannte der Kampf in Schrifttum und Handelsvertretung, insbesondere verfehlte die einmütige Kundgebung deutscher Geschäftsleute verschiedenster Korporationen in Berlin vom 2. Febr. 1912 ihre Wirkung nicht. Der Reichstag befaßte sich abermals mit der Angelegenheit (Sitzung vom 18. April 1912), bis er schließlich am 8. Febr. 1913 mit großer Mehrheit die Regierung um Vorlage eines Gesetzentwurfs ersuchte. Der Weltkrieg unterbrach die entsprechenden Vorarbeiten des Reichsjustizamts. Er verlangte beschleunigte Maßnahmen, brachte die Geschäftsaufsicht und ihren Ausbau, die vorliegende Notverordnung. Den Kern der Neuerungen bildet der Zwangsausgleich. Die Erfahrung wird dieses Kriegskind zum Manne ausreifen. Der Notverordnung wird unzweifelhaft einst ein selbständiges Gesetz über den Konkurs-Abwendungsvergleich folgen.

Die neue Verordnung über die Geschäftsaufsicht zur Abwendung des Konkurses vom 14. Dezember 1916, abgedruckt im Reichsgesetzblatt 1916 S. 1363 ff. ist am 25. Dez. 16 in Kraft getreten, und zwar hinsichtlich des § 75 (Anfechtungsfristen) mit Wirkung vom 10. Aug. 1914 ab. Sie ist an die Stelle der VO. betr. die Anordnung einer Geschäftsaufsicht zur Abwendung des Konkursverfahrens vom 8. August 1914 (Reichsgesetzbl. S. 363) getreten (vgl. § 80). Dem Entwurf der Neuverordnung war eine eingehende Begründung beigegeben, die in Nr. 298 des Deutschen Reichsanzeigers zum Abdruck gelangt ist.

2. Die Ordnung der Geschäftsaufsicht.

Von Dr. Ernst Jaeger, Leipzig.

I. Begriff und Zweck.

Geschäftsaufsicht ist die Unterstützung und Überwachung der Verwaltung eines notleidenden Unternehmens zur Verhütung des drohenden Konkurses. Sie wird angeordnet von dem für die Eröffnung des Konkurses zuständigen Amtsgericht und liegt in den Händen einer von diesem Gericht bestellten und überwachten „Aufsichtsperson". Ihrem Wesen nach bildet die Geschäftsaufsicht eine besonders geartete Vermögenspflegschaft, der alles beschlagsfähige Vermögen des Schuldners, auch Erwerb aus der Zeit des Aufsichtsverfahrens, untersteht. Sie dient dem Interesse des Schuldners und dem seiner Gläubiger. Zunächst zwar bedeutet sie eine Vergünstigung für den Schuldner, den sie vor den rechtlichen und wirtschaftlichen Nachteilen des Konkurses bewahren will, eine Wohltat, die ihm nicht aufgenötigt und die wider seinen Willen nicht aufrechterhalten werden darf. Zugleich aber verfolgt sie den Zweck, durch Ordnung des Schuldenstandes das notleidende Unternehmen zu retten. Von besonderen Glücksfällen abgesehen wird dieses Ziel nur zu erreichen sein durch eine Übereinkunft mit den Gläubigern, die sich entweder als Güteausgleich auf allseitigem Einvernehmen aufbaut oder als Zwangsvergleich gegen den Willen einer vielleicht nur aus Unverstand oder Eigensucht widerstrebenden Minderheit durchsetzt. Mittelbar dient die Einrichtung dem öffentlichen Wohle, da sie eine erschütterte, aber lebensfähige Einzelwirtschaft der Allgemeinheit retten soll.

II. Die Zulässigkeitserfordernisse.

Die Anordnung einer Geschäftsaufsicht setzt voraus: einen Antrag des Schuldners an das zuständige Gericht, Eintritt des Konkursgrundes infolge des Krieges und Behebbarkeit des Konkursgrundes nach Überwindung der Kriegsnotlage oder durch Gläubigerausgleich (§ 1).

Aus dem Zwecke der Geschäftsaufsicht, den Konkurs abzuwenden, ergibt sich, daß ihr nur ein Vermögen unterstellt werden kann, das dem Konkurse zugänglich ist. Für die Regel decken sich Aufsichtsfähigkeit und Konkursfähigkeit. Aufsichtsfähig ist daher z. B. auch der Verein ohne Rechtsfähigkeit, nicht z. B. die Gesellschaft des bürgerlichen Rechts. Wie einen Nachlaßkonkurs gibt es zu dessen Abwendung eine Nachlaßaufsicht, die nun ein neues Mittel zur Beschränkung der Erbenhaftung darstellt (§ 78). Nur sind Versicherungsunternehmungen, da bei ihnen die Konkursabwendung der Amtstätigkeit staatlicher Behörden anvertraut ist (§ 69 VAG.), dem Bereiche der einer Selbsttätigkeit der Beteiligten überlassenen Geschäftsaufsicht entrückt (§ 74).

Aus dem Konkursabwendungszwecke folgt weiter, daß der Aufsichtsantrag schwebenden Konkursanträgen vorgeht und daß die Aufsichtserwirkung Konkursantragspflichten ausschaltet (wie sie z. B. für den Erben und den Nachlaßverwalter nach Maßgabe der §§ 1980, 1985 BGB. bestehen).

Wie dem Konkursverwalter ein Gläubigerausschuß, so kann dem Aufsichtspfleger ein Gläubigerbeirat überwachend und unterstützend zur Seite treten. Er wird aus Gläubigern und Gläubigervertretern vom Aufsichtsgericht nach freiem und unanfechtbarem Ermessen zusammengesetzt. Auf die Bestellung des Beirats und auf die Erwählung der Mitglieder haben die Gläubiger keinen bestimmenden Einfluß. Jede Bestellung unterliegt dem freien Widerrufe des Gerichts. Die Mitglieder sind für schuldhafte Pflichtwidrigkeiten persönlich haftbar. Anspruch auf Vergütung haben sie als solche nicht. Die Rolle des Gläubigerbeirats ist weit geringer als die eines Gläubigerausschusses im Konkursverfahren, da zwar dieser, nicht aber jener zu wichtigen Verwaltungsmaßnahmen seine Zustimmung zu erteilen hat. §§ 30—32.

Eine Gläubigerversammlung kann der Aufsichtsrichter „zur Erörterung der Verhältnisse" in Ausübung seiner amtlichen Ermittelungspflicht berufen (§ 16). Entscheidungen, besonders die Bewilligung von Verwaltungsmaßnahmen oder die Entlastung des Aufsichtspflegers, sind ihr nicht anvertraut. Sie kommt nur aufklärend zu Worte.

III. Der Aufsichtsschuldner.

Der Schlüssel zum Verständnisse der rechtlichen Behandlung des beaufsichtigten Schuldners liegt in der Erwartung, daß dieser aus freien Stücken das Seine zur Erreichung des Aufsichtszweckes beitragen werde. Über seinem Haupte schwebt ständig das Damoklesschwert des Konkurses (§ 66 Abs. 2 Nr. 1). Dieser Druck ersetzt den Beugezwang, der einem Gemeinschuldner gegenüber vonnöten ist (§ 101 KO.). Ohne den guten Willen des Schuldners würde eine gedeihliche Lösung der Aufgabe doch nicht zu erhoffen sein.

So vor allem erklärt es sich, daß der Aufsichtsschuldner als solcher keine Einbuße in seiner Verfügungsbefugnis erleidet: die Geschäftsaufsicht enthält kein Veräußerungsverbot, keine Verfangenschaft nach Art des Konkursbeschlags. Sonst würden Rücksichten der Verkehrssicherheit auch die öffentliche Bekanntmachung der Aufsicht gebieten. Verzicht auf Öffentlichkeit und Verzicht auf Verfügungsbeschränkung gehen Hand in Hand. Darin liegt ein Hauptgegensatz zwischen der deutschen Regelung einerseits, der österreichischen und ungarischen andrerseits (§§ 4 ff., 8 ÖAusgl.O., §§ 10 ff, 17 UAusgl.O.). Wie die Verfügungsbefugnis behält der Aufsichtsschuldner die Klageberechtigung. Umso weniger tut die Geschäftsaufsicht seiner Rechts- und Geschäftsfähigkeit, seiner Partei- und Prozeßfähigkeit Abbruch. Die AuffVO. begnügt sich damit, durch Sollvorschrift dem Schuldner vorzuschreiben, daß er gewisse Rechtsgeschäfte nur mit Zustimmung der Aufsichtsperson vornehme, und ihm eine öffentlich-rechtliche, der unmittelbaren Erzwingbarkeit ermangelnde Offenbarungspflicht gegenüber der Aufsichtsperson aufzuerlegen (§ 3).

IV. Die Aufsichtsanordnung.

Ob die Zulässigkeitserfordernisse vorliegen, entscheidet das Gericht nach freiem Ermessen (§ 21). Überzeugt es sich von ihrem Vorhandensein, dann muß es dem Aufsichtsantrage stattgeben. In Zweifelsfällen hat es zweckdienliche Ermittelungen anzustellen (§ 16).

Die Entscheidung über den Aufsichtsantrag kann ohne mündliche Verhandlung ergehen (§ 15) und ist als Anordnung der Geschäftsaufsicht wie als Abweisung des Antrags ein unanfechtbarer Beschluß (§ 19). Da die Anordnung der Aufsicht für den Schuldner und für die Gläubiger erhebliche Rechtsfolgen auslöst, die schon aus Rücksichten der Verkehrssicherheit einheitlich für alle Beteiligten einsetzen müssen, hat der Richter die Amtspflicht im Anordnungsbeschlusse ausdrücklich und genau zu bestimmen, wann die Anordnung in Wirksamkeit tritt.

Eine öffentliche Bekanntmachung unterbleibt (§ 18). Auch kennt das Reichsrecht keinen Aufsichtsvermerk in Grundbüchern und Registern.

V. **Die Aufsichtsstellen.**

Das Aufsichtsgericht hat die Geschäftsaufsicht nur anzuordnen und zu übernehmen. Ihr Vollzug ist einem nichtbeamteten Pfleger [1], der Aufsichtsperson, (in Ausnahmefällen auch einer Mehrheit von solchen) anvertraut. Diese hat, wie ihr Name sagt, die Stellung eines Kontrollorgans. Anders als ein Konkursverwalter verdrängt sie den Schuldner nicht schon von Rechts wegen aus der Vermögensverwaltung. Sie soll „die Geschäftsführung des Schuldners unterstützen und überwachen" (§ 2) und seinen Betrieb, soweit möglich, als Eigenbetrieb aufrecht erhalten (§ 28). Nötigenfalls freilich kann sie die Vermögensverwaltung auch selbst übernehmen. In diesen Grenzen hat sie gesetzliche Vertretungsmacht für Rechtsgeschäfte und Rechtsstreitigkeiten (vgl. § 53 ZPO.). Auch kann sie, soweit es der Aufsichtszweck erheischt, einen Dritten mit Maßnahmen des Innenbetriebs und des Außenverkehrs betrauen, also auch zum bevollmächtigten Schuldnervertreter bestellen. Siehe § 2 Satz 2. Bestellung (§ 22), Ausweis (§ 23), Verantwortlichkeit (§ 24), Überwachung (§ 25) und Entlohnung der Aufsichtsperson (§ 27) sind dem Konkursrecht entsprechend geregelt. Namentlich bleibt die Auswahl des Aufsichtspflegers ganz wie die des Konkursverwalters dem pflichtmäßigen Ermessen des Gerichts überlassen. Vorschläge von der Schuldner- oder Gläubigerseite ermangeln der bindenden Kraft; Berufsvertretungen kommen nur beratend zu Gehör (§§ 21, 22). Die Bestellung ist trotz ihrer großen Tragweite und im Gegensatze zu der des Konkursverwalters der Anfechtbarkeit entrückt (§ 19). Das Amt einer Aufsichtsperson d. h. der Inbegriff ihrer Befugnisse und Pflichten beginnt mit der (reichsrechtlich freigestellten) Übernahme durch den Ernannten und kann während des Aufsichtsverfahrens namentlich durch Entlassung enden (§§ 22, 25). Durch fortlaufende Berichterstattung der Aufsichtsperson wird Sorge dafür getragen, daß zwecklos gewordene Geschäftsaufsichten nicht zur allmählichen Aufzehrung des Vermögens ausarten (§§ 28, 66 Abs. 2 Nr. 2). Hat die Aufsichtsperson durch schuldhafte Pflichtverletzung das ihrer Obhut anvertraute Vermögen geschädigt, so bildet der Schadensersatzanspruch (§ 24) im späteren Konkurs einen Bestandteil der Masse.

Nach einer Richtung freilich hat das Zustimmungserfordernis Außenwirkung. Es bedingt den Vollerfolg zustimmungsbedürftiger Verpflichtungsgeschäfte. Denn der Gläubiger aus eigenmächtiger Neuverpflichtung des Schuldners wird „vom Verfahren betroffen" (§ 13 Abs. 1 Nr. 1), unterliegt also dem Vollstreckungshemmnisse des Aufsichtsverfahrens (§ 6 Abs. 2) und den Minderungen eines konkursabwendenden Zwangsvergleichs (§§ 33, 60). Auf der andern Seite werden dem Schuldner Befugnisse verliehen, die ihm außerhalb des Aufsichtsverfahrens gar nicht zustehen, insofern er mit gerichtlicher Erlaubnis gegenseitige Schuldverhältnisse lösen darf, deren Erfüllung den Zweck der Geschäftsaufsicht vereiteln könnte (§§ 9—11).

Auch die staatsbürgerliche Rechtsstellung des Aufsichtsschuldners bleibt ungeschmälert. Die politische Wahlbefugnis und Wählbarkeit, die Befähigung zum Laienrichteramte, zur Rechtsanwaltschaft und zur Patentanwaltschaft, das Recht zum Börsenbesuche gehen ihm nicht verloren.

VI. Die Aufsichtsgläubiger.

1. Zwei Hauptgruppen von Gläubigern sind zu scheiden: die am Verfahren beteiligten und die nicht beteiligten Gläubiger. Für das Vergleichsverfahren ist die

Beteiligung enger begrenzt als für das allgemeine Aufsichtsverfahren. Die Beteiligten des weiteren Kreises nennen wir Aufsichtsgläubiger, die des engeren Vergleichsgläubiger [siehe VIII 1].

2. Aufsichtsgläubiger sind nach der Regel alle persönlichen Gläubiger des Aufsichtsschuldners, die einen aus dessen Vermögen zu erfüllenden Anspruch haben (§ 4). Die Begriffsbestimmung folgt der des Konkursgläubigerrechts. Doch besteht ein tiefgreifender Unterschied. Während der Konkurs Vermögen und Schulden grundsätzlich nach dem Stande zur Zeit der Eröffnung des Verfahrens erfaßt (§§ 1, 3 KO.), zieht die Geschäftsaufsicht auch neuen Erwerb und neue Verbindlichkeiten in ihren Bereich.

Von der Teilnahme am allgemeinen Aufsichtsverfahren werden im § 13 sechs Klassen von Berechtigten ausgenommen. Die Ausnahmen grenzen den Begriff der Aufsichtsgläubiger ähnlich dem der gewöhnlichen Konkursgläubiger ab. Die ersten beiden Klassen entsprechen den Massegläubigern des § 59 KO. (Neugläubiger aus Verpflichtungen, die vom Schuldner während der Geschäftsaufsicht im Einklange mit dem Gebote des § 3 Abs. 2 oder von der Aufsichtsperson kraft des § 2 Satz 2 eingegangen werden, und Gegenseitigkeitsgläubiger mit ihren Erfüllungsansprüchen); dann folgen die Aussonderungsberechtigten, die Absonderungsberechtigten, die Konkursvorrechtsgläubiger und die Massekostengläubiger des Aufsichtsverfahrens. Die Reihenfolge ist keine Rangfolge. Bei der Nachlaßaufsicht treten die besonderen Masseansprüche des Nachlaßkonkurses den nicht beteiligten Ansprüchen hinzu (§ 73 Abs. 3).

3. Die Beteiligung der Aufsichtsgläubiger äußert sich (abgesehen einstweilen vom Zwangsvergleiche, §§ 23

Abs. 2, 60—62) in Besonderheiten, die für ihre gerichtliche und außergerichtliche Rechtsverfolgung gelten.

Ein Anmeldungsverfahren, wie es im Konkurse stattfindet, kennt die AufsVO. nicht. Sie vertraut darauf, daß der Schuldner seine Gläubiger gewissenhaft angibt (§ 20, vgl. §§ 47, 60, 61). Die Anmeldungsfolge der Verjährungsunterbrechung scheidet damit aus (§ 209 Abs. 2 Nr. 2 BGB.). Zum Ersatze wird für die Dauer der Geschäftsaufsicht die Verjährung der Aufsichtsansprüche gehemmt (§ 7). Kein Aufsichtsgläubiger soll genötigt sein, Klage nur zu dem Zwecke zu erheben, um die Verjährung seines Anspruchs zu unterbrechen. Auch der Zweck vorsorglicher Titelbeschaffung gilt nicht als ausreichender Klaganlaß. Hat der Aufsichtsgläubiger nicht eine andere triftige Veranlassung zu klagen, wie etwa die Bestreitung des Anspruchs durch den Schuldner, dann gewärtigt er bei Kenntnis der Aufsicht die Kostenlast (§ 12). Bloßen Schikaneklagen wird damit der Boden abgegraben. Unzulässig ist aber die gerichtliche Geltendmachung der Aufsichtsansprüche darum allein, weil die Geschäftsaufsicht schwebt, keineswegs; auch nicht die Verurteilung zu sofortiger Leistung. Nur begründet die Geschäftsaufsicht wie der Konkurs (§ 14 KO.) ein Vollstreckungshemmnis, d. h. während ihrer Dauer darf die Vollstreckung von Aufsichtsansprüchen nicht beginnen und die begonnene, aber noch nicht bis zum Erwerb eines Absonderungsrechtes gediehene, nicht fortgesetzt werden (§ 6 Abs. 2). Mit dem Zwangszugriff ist dem Aufsichtsgläubiger die Einzelanfechtung für die Aufsichtsdauer verschlossen. Dafür bleibt die letztere bei Berechnung der Anfechtungsfristen außer Ansatz (§ 75 Abs. 1). Die Aufrechnung wird dem Aufsichtsgläubiger nicht schlechthin verwehrt; aber das Gegenseitigkeitserfordernis ist dahin verschärft, daß die beiden Ansprüche sich schon zu der Zeit gegenüber gestanden haben müssen, da die Aufsichtsanordnung wirksam wurde (§ 8 AufsVO. entsprechend dem § 55 Nr. 1, 2 KO.).

Das Aufsichtsverfahren ist kein Befriedigungsverfahren nach Art der Konkursverteilungen. Der Vermögensbestand soll erhalten (§ 28), nicht versilbert und aufgeteilt werden. Nur Haushalts- und Geschäftsüberschüsse sind zur Befriedigung der Gläubiger zu verwenden, regelmäßig nach konkursrechtlicher Reihenfolge, mit Zustimmung des Gerichts auch abweichend von dieser (§§ 5, 29). Auch nicht beteiligte Gläubiger (§ 13) sind bei solcher Befriedigung aus Überschußmitteln zu berücksichtigen. Auch sie müssen sich, wo der Aufsichtszweck es erheischt, eine Zurückstellung hinter dringlicheren Ansprüchen gleich- oder nachstehender Gläubiger gefallen lassen (etwa zugunsten der Lohnansprüche kleiner Leute). Insofern werden also auch sie „von dem Verfahren betroffen" (vgl. § 20 Abs. 2). Überdies besteht das Konkurshemmnis zu Lasten der beteiligten wie der nicht beteiligten Gläubiger (§ 6 Abs. 1). Keine dieser Gruppen darf in der Lage sein, die Erreichung des Zieles der Geschäftsaufsicht zu vereiteln.

VII. Das Aufsichtsverfahren im allgemeinen.

Vom geltenden Recht ist das Aufsichtsverfahren wie der Konkurs als **Unterart des Zivilprozesses**, nicht als Angelegenheit der freiwilligen Gerichtsbarkeit gestaltet worden. Mangels besonderer Bestimmung sind die Verfahrensvorschriften der ZPO. (nicht des FGG.) entsprechend anwendbar (§ 14). So die Sätze über Ausschließung und Ablehnung von Gerichtspersonen, über die richterliche Leitung der Verhandlungen, über Sitzungspolizei und Sitzungsprotokoll, über Prozeßfähigkeit, Vertretung und Verbeistandung der Beteiligten, d. h. des Schuldners und der Gläubiger, über deren Benachrichtigung durch Zustellung von Amts wegen (mit besonderen Vereinfachungen nach § 17). Öffentliche Bekanntmachungen unterbleiben (§ 18 Abs. 1).

Eigentümlichkeiten des Aufsichtsverfahrens sind namentlich:

1. *Die Mündlichkeit ist freigestellt* (§ 15). Das Aufsichtsgericht ist kein im Sinne des § 128 ZPO. erkennendes Gericht. Die Verhandlungen vor ihm sind nicht öffentlich (§ 170 GVG.). Seine Entscheidungen sind keine Urteile, sondern Beschlüsse. Einsicht in die Gerichtsakten kann es, Einsicht in die Berichte der Aufsichtsperson muß es Gläubigern aller Art verstatten (§ 18 Abs. 2). Dem Schuldner und dritten Personen gegenüber bewendet es beim § 299 ZPO. (§ 14).

2. *Der Untersuchungsgrundsatz* (die Offizialmaxime) gilt insofern, als das Aufsichtsgericht die Macht und dementsprechend im Bedarfsfalle die Amtspflicht hat, nicht nur zur Vorbereitung seiner eigenen Entschließungen, sondern auch zur Klärung sonstiger für die Zwecke der Aufsicht erheblicher Verhältnisse Ermittelungen von Amts wegen anzuordnen (§ 16). *Amtsbetrieb* (Offizialbetrieb) findet in dem Sinne statt, daß Zustellungen von Amts wegen erfolgen (vgl. § 17) und Termine (§§ 44, 52, 53) von Amts wegen anberaumt werden.

3. *Das Aufsichtsgericht entscheidet unanfechtbar* (§ 19). Selbst die Anordnung der Geschäftsaufsicht und die Auswahl des Aufsichtspflegers sind der Nachprüfung durch ein höheres Gericht entrückt. Nur in Ausnahmefällen (§§ 27, 42, 59, 68) findet die

sofortige Beschwerde (§ 577 ZPO.) und alsdann auch nach Maßgabe des § 568 Abs. 2 ZPO. eine weitere sofortige Beschwerde statt.

4. Die Gerichtsferien haben keinen Einfluß, weder auf das Verfahren der Geschäftsaufsicht im allgemeinen noch auf das Vergleichsverfahren im besonderen (vgl. § 204 GVG.).

VIII. **Der Zwangsvergleich im besonderen.**

1. Als Vergleichsbeteiligte stehen einander gegenüber der Aufsichtsschuldner und die Aufsichtsgläubiger, darunter auch Gläubiger aus eigenmächtigen Neuverpflichtungen des Schuldners (§§ 4, 13, 33). Durch besondere Vorschrift werden jedoch die in den §§ 3 Abs. 2, 63 KO. bezeichneten Ansprüche auch von der Teilnahme am konkursabwendenden Zwangsvergleich ausgeschlossen (§ 33 Abs. 2). Insofern bilden die „Vergleichsgläubiger" einen engeren Kreis innerhalb der Aufsichtsgläubiger. Überdies bleiben Ansprüche von Gläubigern, die begrifflich zu den Vergleichsgläubigern zählen, vom Vergleich unberührt, wenn sie der Schuldner in den vorgelegten Verzeichnissen übergangen hat [siehe unten 4]. Eine weitere Sicherung soll den Gläubigern die in das Ermessen des Gerichts gestellte Möglichkeit bieten, den Schuldner die vollständige Angabe seiner Aktiven und Passiven beschwören zu lassen, ein Offenbarungseid, der aber dem Wesen der Aufsichtspflichten entsprechend [oben III] nur durch den Druck der Einstellung des Vergleichsverfahrens erzwungen wird (§§ 50, 57 Abs. 2, 58).

2. Der Vergleichsinhalt wird durch den § 35 fest umgrenzt. Nicht jede Art der Gläubigerbefriedigung kann zum Zwecke der Konkursabwendung vereinbart werden, auch wenn sie zum Zwecke der Konkursbeendi-

gung statthaft wäre. Vielmehr beschränkt sich der zulässige Inhalt konkursabwendender Zwangsvergleiche auf Erlaß und Stundung (gesondert oder verbunden). Daneben sind nur Sicherungsabreden, wie die Stellung von Vergleichsbürgen, statthaft. Bei eingetragenen Genossenschaften, bei denen der konkursabwendende Zwangsvergleich im Gegensatze zum konkursbeendenden (§ 116 GenG.) zugelassen ist, darf der Erlaß nur Erlaß von Zinsen für die Dauer der Stundung sein. Mangels einer ausdrücklichen Schutzvorschrift empfiehlt es sich dringend, jeden Erlaß auflösend in dem Sinne zu bedingen, daß er hinfällig werden soll, wenn der Schuldner vor Erfüllung seiner Vergleichspflichten in Konkurs gerät (vgl. § 63; auch § 64 Abs 1 Nr. 2). Das Gebot der Gleichbehandlung aller Gläubiger gilt als Regel auch für den Inhalt konkursabwendender Zwangsvergleiche (§ 34 AufsVO. entsprechend dem § 181 KO.). Doch werden unter noch darzulegenden Voraussetzungen auch Zwangszurücksetzungen zugelassen. Mindestquoten kennt die AufsVO. nicht (vgl. freilich § 55).

3. Auch der Gang des Vergleichsverfahrens weist Besonderheiten gegenüber dem Zwangsvergleiche des Konkurses auf. Die bemerkenswerteste besteht darin, daß die Vergleichsvorbereitung in ein außergerichtliches Vorverfahren verlegt wird, in dem sie soweit gefördert sein muß, daß der Vergleichserfolg gesichert erscheint. Der Schuldner hat nämlich beim Antrag auf Eröffnung des Vergleichsverfahrens außer seinem Vorschlage bereits von einer zur Vergleichsannahme ausreichenden Mehrheit der Gläubiger die schriftlichen Zustimmungen zur „Eröffnung des Vergleichsverfahrens auf der Grundlage des Vorschlags" vorzulegen. Er muß also schon jetzt in der Lage sein, die Aussichten der künftigen Annahme seines Anerbietens zu belegen (§§ 41, 43). Dem Gericht sollen

dadurch nutzlose Vergleichsbemühungen erspart werden. Aufsichtspfleger und Gläubigerbeirat aber können in der Stille dieser Vorbereitungszeit durch Hinwegräumung von Vergleichshindernissen und durch Verhütung unlauterer Angaben segensreicher wirken, als bei den ihnen ausdrücklich zugewiesenen späteren Verrichtungen (vgl. §§ 42, 45, 49). Freilich enthält die Erklärung eines Gläubigers, daß er mit der Eröffnung von Vergleichsverhandlungen auf Grund eines bestimmten Schuldnervorschlags einverstanden sei, noch keinen bindenden Entscheid; aber sie kann beim Ausbleiben eines Widerrufs zur Annahme erstarken (§ 51, vgl. § 80 Abs. 2). Auch der Schuldner selbst und etwaige Vergleichsbürgen sind an den angekündigten Vorschlag zunächst noch nicht gebunden. Erst die Annahme schließt ihren einseitigen Widerruf aus (§ 56 Satz 2). Nach rechtzeitiger Rücknahme des Vorschlags durch den Schuldner muß das Gericht, bei Gefährdung der Gläubiger, sicherer Aussichtslosigkeit des Vergleichs, Ablehnung im Termin und Verweigerung des Vergleichseides kann es das Vergleichsverfahren durch beschwerdefähigen Beschluß einstellen (§§ 56, 57, 59). Nötigenfalls hat es zugleich die Geschäftsaufsicht überhaupt aufzuheben (§ 58).

Wenn der Antrag auf Eröffnung des Vergleichsververfahrens ausreichend belegt und die Vertrauenswürdigkeit des Schuldners nicht etwa durch bestimmte Tatsachen in Frage gestellt ist, hat das Gericht in unanfechtbarem Beschlusse die Eröffnung auszusprechen und den Vergleichstermin anzuberaumen (§ 44). Im Termine werden zunächst die Stimmrechte festgestellt; sodann wird über den Vergleichsvorschlag verhandelt und abgestimmt (§§ 46 ff.). Vor der Abstimmung hat der Aufsichtspfleger einen aufklärenden Bericht zu erstatten und sich gutachtlich über die Angemessenheit des Vorschlags zu äußern (§ 49), der Schuldner dessen Erfüllbarkeit (auch mit Rücksicht auf nicht beteiligte Ansprüche) glaubhaft zu machen (§ 48) und — aber nur auf gerichtliches Verlangen — seine Vermögensangaben eidlich zu erhärten (§ 50). Die Abstimmung erfolgt mündlich. Doch können Zustimmungen (nicht auch Ablehnungen) schon im voraus auch schriftlich gegenüber dem Gericht erklärt werden (§§ 51, 80 Abs. 2). So kann es zur Vergleichsannahme kommen, auch wenn alle Gläubiger unvertreten ausbleiben. Vertagt werden soll der Vergleichstermin nur in Ausnahmefällen (§ 52).

Die Vergleichsannahme erfordert eine doppelte Mehrheit der Vergleichsgläubiger (§§ 37—40). Für die Regel wird eine einfache Personenmehrheit und zugleich eine Dreiviertelsummenmehrheit verlangt, beide berechnet nach der Zahl der überhaupt vorhandenen, nicht nur der abstimmenden Vergleichsgläubiger (§ 37 AufsVO., anders § 182 KO). Unbekannten Ortes abwesende und untätige Vergleichsgläubiger zählen daher bei Berechnung beider Mehrheiten als ablehnend mit. Zur Annahme einer bloßen Kapitalsstundung für kurze F ist genügt auch einfache Summenmehrheit (§ 38). Soll (etwa zugunsten von bedürftigen kleinen Gläubigern) die Regel der Gleichbehandlung durchbrochen werden, so bedarf die Vergünstigung, wenn nicht alle Zurückgesetzten damit einverstanden sind, besonderer gerichtlicher Zulassung und innerhalb des Kreises der Zurückgesetzten einer entsprechenden Doppelmehrheit wie die Vergleichsannahme im allgemeinen (§ 34). Wird auf solche Weise kleinen Gläubigern die ungeschmälerte Befriedigung gewährt, dann bleiben ihre Stimmen gänzlich außer Ansatz (§ 39). Eine Abstufung der erforderlichen Mehrheiten je nach Höhe der Vergleichsrate besteht nicht.

Der angenommene Vergleich bedarf, um wirksam zu werden, erst noch der gerichtlichen Bestätigung. Auch das Bestätigungsverfahren (§§ 53 ff.) weicht in mancher Hinsicht von seinem konkursrechtlichen Vorbild ab. Namentlich hat das Gericht einen auf unlautere Weise zustande gebrachten oder dem Gemeinwohle der Gläubiger widerstreitenden Vergleich auch ohne Antrag zu verwerfen und die Verwerfung schon bei schwer zu behebender Verworrenheit der Vermögenslage von Amts wegen auszusprechen (§ 54). Dem Gemeinwohle der Gläubiger widerstreitet der Vergleich namentlich dann, wenn der Konkurs durch Erschließung der dem Aufsichtsverfahren fremden anfechtungsrechtlichen Rückgewähr (§ 37 KO.) die Befriedigungsaussichten zu verbessern verspricht. Wird im Bestätigungsverfahren eine verbotswidrige Sonderbegünstigung aufgedeckt, so muß der Vergleich verworfen werden (§ 54 Nr. 1, 4). Bleibt sie verborgen, so kann sie einen Anfechtungsgrund abgeben (§ 64 Nr. 1). Jedenfalls ist sie selber schlechthin nichtig (§ 34 Abs. 2). Verwerfung und Bestätigung unterliegen der sofortigen, mit aufschiebender Wirksamkeit bekleideten Beschwerde (§ 59). Mit der Rechtskraft des Bestätigungsbeschlusses endet die Geschäftsaufsicht (§ 68). Sie hat ihren Zweck erfüllt.

4. Die Wirksamkeit des rechtskräftig bestätigten Zwangsvergleichs auf die Ansprüche der Vergleichsgläubiger weicht ebenfalls nicht unwesentlich ab von der des konkursbeendenden Vergleichs (§§ 60 ff.). Der Mangel eines öffentlichen Gläubigeraufrufs hat dazu geführt, alle vom Schuldner in den Gläubigerverzeichnissen ausgelassenen Vergleichsansprüche den Vergleichsfolgen zu entrücken, einerlei, ob die Übergehung absichtlich oder unabsichtlich, verschuldet oder unverschuldet geschah, ja sogar dann, wenn der Übergangene sie kannte und Ge-

legenheit zur Beteiligung hatte (§ 60 Abs. 1 Satz 2). Geflissentliche Auslassung würde namentlich solche Gläubiger bedrohen, auf deren Widerstand der Schuldner gefaßt ist. Auslassung in unlauterem Einverständnisse mit dem Gläubiger kann die Vergleichsminderungen wegen Betrugs anfechtbar machen (§ 64 Nr. 1). Anfechtbarkeit soll aber auch dann schon bestehen, wenn die uneingeschränkte Verfolgung ausgelassener Vergleichsansprüche die vom Vergleiche beschränkten Gläubiger gefährdet (§ 64 Nr. 2). Rechtskräftige Verurteilung des Schuldners wegen betrügerischen Bankbruchs oder wegen vorsätzlicher Verletzung der Vergleichseidespflicht begründet nicht nur eine den einzelnen Gläubigern eröffnete Anfechtbarkeit, sondern hebt von Rechts wegen und zugunsten aller Gläubiger die Vergleichsminderungen bei Fortbestand der Vergleichsrechte (besonders gegenüber Vergleichsbürgen) auf (§ 65).

Die Wirksamkeit des Vergleichs für und gegen die vom Schuldner benannten Vergleichsgläubiger tritt ohne Rücksicht darauf ein, ob und wie sie abgestimmt haben. Der erlassene Teil der Vergleichsansprüche besteht als unvollkommenes Schuldverhältnis weiter und liefert die Grundlage, auf der selbst die streng abhängige Nebenhaftung aus Bürgschaft und Pfandrecht fortbesteht (§ 60). Daß der Zwangsvergleich Absonderungsrechte als solche unberührt läßt, ergibt sich schon daraus, daß Absonderungsgläubiger am Vergleichsverfahren nicht beteiligt sind (§ 13 Abs. 1 Nr. 4, § 33 Abs. 2). Absonderungsberechtigte, denen der Aufsichtsschuldner zugleich persönlich haftet, haben (vom Verzicht abgesehen) die Vergleichsrate nur für den Betrag zu beanspruchen, mit dem sie bei der abgesonderten Befriedigung nachweislich bereits ausgefallen sind (§ 36 AufsVO. mit § 64 KO.). Eine während der

Geschäftsaufsicht begründete Aufrechenbarkeit (§ 8) bleibt trotz Zwangserlasses in vollem Umfange bestehen. Daß Freigebigkeitsansprüche und Vergleichskostenforderungen vom Zwangsvergleiche betroffen werden, obwohl sie zu den nicht beteiligten Gläubigerrechten zählen, ist eigens verordnet (§ 62). Das Schicksal der Verfahrenszinsen bestimmt der Parteiwille.

Nach ausdrücklicher, dem § 194 KO. nachgebildeter Vorschrift bildet entsprechend einer Feststellung zur Konkurstabelle der Anerkennungsvermerk des Gläubigerverzeichnisses (§ 47 Abs. 4) einen nach Maßgabe des Vergleichs und in Verbindung mit ihm gegen Schuldner und Vergleichsbürgen vollstreckbaren Titel (§ 61).

5. Die Frage nach dem Wesen des konkursabwendenden Zwangsvergleichs ist dahin zu beantworten, daß er wie der konkursbeendende einen gerichtlich bestätigten Vertrag des Schuldners mit den Vergleichsgläubigern darstellt. Er ist Rechtsgeschäft, nicht richterliches Urteil. Der im Vergleichstermine gemachte Schuldnervorschlag bildet den Vertragsantrag, den die Vergleichsgläubiger im Mehrheitsbeschluß annehmen. Rechtlich wirkt eben der Mehrheitsbeschluß als einheitliche Erklärung der Gesamtheit. Darin liegt gerade die Bedeutung des gesetzlichen Mehrheitszwanges. Die Bestätigung des Gerichts bezweckt den Schutz der Gläubiger gegen Übervorteilung oder ungleiche Behandlung und hebt so wenig als die vormundschaftsgerichtliche Genehmigung von Rechtsgeschäften den Vertragscharakter des Zwangsvergleichs auf.

Den Güteausgleich wird die Zulassung des Mehrheitszwanges nicht ausschließen, sondern fördern, da sie Vergleichsstörern das unlautere Treiben verleidet. Auch in freiwilliger, vom einmütigen Willen der Beteiligten getragener, außergerichtlicher Übereinkunft kann daher das Ziel der Konkursabwendung erreicht werden.

IX. Die Beendigung der Geschäftsaufsicht.

1. Die Geschäftsaufsicht endet in keinem Falle von selbst. So weder beim Tode des Schuldners (vgl. § 78) noch beim Aufhören des Kriegszustandes (vgl. § 80 Abs. 3). Ihre Beendigung erfordert stets einen Beschluß des Aufsichtsgerichts, regelmäßig eine eigene „Aufhebung der Geschäftsaufsicht". So auch nach dem Zustandekommen eines Güteausgleichs. Nur der Beschluß, der den konkursabwendenden Zwangsvergleich bestätigt, beendet — in Rechtskraft erwachsen — schon als solcher auch die Geschäftsaufsicht (§ 69). Bekanntgemacht wird das Ende der Geschäftsaufsicht so wenig als deren Beginn (vgl. jedoch § 70).

2. Die Aufhebungsgründe zerfallen in zwei Gruppen (§ 66):

a) Der Schuldner selbst kann die Aufhebung der Geschäftsaufsicht jederzeit erwirken. Sein Antrag bindet. Wie ihm die Aufsicht nicht wider seinen Willen aufgedrängt werden darf, soll sie auch nicht wider seinen Willen aufrecht erhalten werden. Die auf Schuldnerantrag ausgesprochene Aufhebung wird bereits mit der Zustellung des Aufhebungsbeschlusses an den Antragsteller wirksam, es sei denn, daß ein anderer Träger der Schuldnerrolle das Recht der Beschwerde hat (§ 68).

b) Unabhängig vom Willen des Schuldners erfolgt die Aufhebung, wenn nach dem Ermessen des Aufsichtsgerichts ein triftiger Aufhebungsgrund vorliegt. Als Beispiele werden Pflichtwidrigkeit des Schuldners und Wegfall der Erfordernisse für die Zulässigkeit der Geschäftsaufsicht hervorgehoben (§ 66).

Auch das Scheitern von Vergleichsversuchen kann die Aufhebung begründen (vgl. § 58). Die Aufhebung aus wichtigem Anlasse kann von Amts wegen erfolgen, aber auch von einem Gläubiger oder vom Aufsichtspfleger angeregt werden. Die Zurückweisung eines Aufhebungsantrags ist unanfechtbar (§ 19). Ehe das Gericht die Aufhebung beschließt, hat es den Schuldner zu hören (§ 67). Der Aufhebungsbeschluß unterliegt der sofortigen, hier mit aufschiebender Kraft ausgestatteten Beschwerde des Schuldners (§ 68).

3. Gelingt es nicht, die Gläubiger zu befriedigen oder ein Abkommen mit ihnen zu erzielen, dann folgt dem Aufsichtsverfahren regelmäßig der Konkurs. Von selbst geht es aber keinesfalls in den Konkurs über. Wie die Aufsicht eines Beendigungsbeschlusses, bedarf der Konkurs einer besonderen beschlußmäßigen Eröffnung. Im Konkurse haben die Ausnahmen des § 13 als solche keine Bedeutung mehr. Gläubiger aus den mit Zustimmung des Aufsichtspflegers abgeschlossenen Rechtsgeschäften zählen nicht schon aus diesem Grund auch zu den Massegläubigern des Konkurses. Schon deshalb wird sich ein vorsichtiger Rechtsverkehr mit dem Aufsichtsschuldner meist auf Bargeschäfte beschränken müssen. Nur die Massekosten des Aufsichtsverfahrens erweitern den konkursrechtlichen Rahmen (§ 71). Die Konkursvorrechte des § 61 KO. erfahren keine zeitliche Ausdehnung. Die Fristen der Konkursanfechtung aber werden dadurch erstreckt, daß die Zeit der vorangegangenen Geschäftsaufsicht außer Ansatz bleibt (§§ 75 Abs. 1, 80 Abs. 1).

B.

Verordnung über die Geschäftsaufsicht zur Abwendung des Konkurses.

Vom 14. Dezember 1916. (RGBl. 1916 S. 1363.)

Der Bundesrat hat auf Grund des § 3 des Gesetzes über die Ermächtigung des Bundesrates zu wirtschaftlichen Maßnahmen usw. vom 4. August 1914 (Reichs-Gesetzbl. S. 327) folgende Verordnung erlassen:

I. Voraussetzungen und Wirkungen der Geschäftsaufsicht.

§ 1. Wer infolge des Krieges zahlungsunfähig geworden ist, kann bei dem für die Eröffnung des Konkursverfahrens zuständigen Gerichte die Anordnung einer Geschäftsaufsicht zur Abwendung des Konkurses beantragen. Soweit das Konkursverfahren im Falle der Überschuldung stattfindet, kann der Antrag auch gestellt werden, wenn infolge des Krieges eine Überschuldung eingetreten ist.

Dem Antrag ist stattzugeben, wenn Aussicht besteht, daß die Zahlungsunfähigkeit oder die Überschuldung nach Wegfall der Kriegsverhältnisse behoben oder der Konkurs durch ein Übereinkommen mit den Gläubigern abgewendet werden wird.

Voraussetzungen der Zulässigkeit des Aufsichtsverfahrens.

1. Das Aufs.Verfahren bezweckt die Abwendung des Konkurses (vgl. auch § 6 Satz 1), setzt also voraus:

a) Entweder Zahlungsunfähigkeit, d. i. die Tatsache der allgemeinen Nichterfüllung der fälligen Geldschulden

wegen voraussichtlich dauernden Mangels an Zahlungsmitteln (RG. 51 S. 413),
oder Überschuldung (Überwiegen der Passiven über die Aktiven), *soweit* das Konkursverfahren in diesem Fall stattfindet. Vgl. §§ 207, 213, 214, 236 KO.; § 63 G. m. b. H.Ges.; §§ 98, 140 Gen.Ges. (Aktien-Ges., jur. Personen, Vereine, die als solche verklagt werden können, Nachlaß, Gesamtgut bei fortges. Gütergemeinschaft; Ges. m. b. H.; eingetr. Genossenschaft). Vgl. auch §§ 72, 73.

b) Das *Konkursverfahren darf noch nicht eröffnet* sein. Der *Antrag* auf Konkurseröffnung schließt die Zulässigkeit der Gesch.Aufsicht nicht aus. Vielmehr ist zunächst über den Aufsichtsantrag des Schuldners zu entscheiden und dem Konkursantrag nur stattzugeben, wenn der erstere abgelehnt wird, da die VO. Abwendung des Konkurses bezweckt.

c) Der *Krieg muß die Ursache* der Zahlungsunfähigkeit oder Überschuldung bilden, sei es mittelbar oder unmittelbar. Mitverursachung genügt. Z. B. erhöhte Ausgaben, verringerte Einnahmen, Kreditschwächung, Sinken der Vermögenswerte als Folgen des Kriegs. Ausgeschlossen sind also grundsätzlich nur solche Fälle, wo schon vor dem Krieg die Zahungsunfähigkeit oder Überschuldung eintrat.

d) Es muß *Aussicht* bestehen, daß die Zahlungsunfähigkeit oder Überschuldung nach Wegfall der Kriegsverhältnisse oder durch Übereinkommen mit den Gläubigern, z. B. im Wege des Zwangsvergleichs nach §§ 33 ff. oder durch gütliche Übereinkunft, — in absehbarer Zeit danach — *behoben* wird. „In welcher Weise der Schuldner die Aussichten des Zustandekommens einer solchen Einigung dartut, ist Sache des einzelnen Falles. Der Vorlegung schriftlicher Zustimmungserklärungen einer bestimmten Gläubigermehrheit, wie sie für die Eröffnung des Zwangsvergleichsverfahrens erforderlich ist (§ 41 Abs. 1 Nr. 2), bedarf es zur Anordnung der Geschäftsaufsicht noch nicht. Immerhin wird, wenn die Geschäftsaufsicht ohne sonstige Aussicht auf Behebung der Zahlungsunfähigkeit lediglich zu dem Zwecke der

Herbeiführung eines konkursabwendenden Zwangsvergleichs beantragt wird, verlangt werden müssen, daß die Aussicht auf ein baldiges Zustandekommen des Vergleiches begründet und naheliegend ist, daß also insbesondere schon ein bestimmter Vergleichsvorschlag vorliegt und daß dieser von einem erheblichen Teile der Gläubiger unterstützt wird. In den Aufgaben der Aufsichtsperson liegt es, die Aussichten des Vergleichs unverzüglich nachzuprüfen und dem Gerichte darüber gemäß § 28 zu berichten. Ergeben sich Zweifel, ob der Schuldner in der Lage sein wird, alsbald einen den Vorschriften des § 41 entsprechenden Antrag auf Eröffnung des Vergleichsverfahrens zu stellen, so wird das Gericht dem Schuldner regelmäßig nach § 67 Abs. 2 eine Frist zu setzen und nach deren fruchtlosem Ablauf die Geschäftsaufsicht aufzuheben haben" (Begr.).

e) Der Schuldner muß einen entsprechenden Antrag stellen. Dem Gläubiger steht das Antragsrecht nicht zu. Schuldner können sein natürliche oder juristische Personen aller Art, z. B. Privatleute, Offiziere, Beamte, Landwirte, auch Kriegsteilnehmer. Kaufmannseigenschaft ist nicht erforderlich (§ 20). Für prozeßunfähige Schuldner kann der gesetzliche Vertreter (§ 13 d. VO. i. Verb. mit § 51 ff. ZPO.), bei juristischen Personen auch jeder Liquidator, bei offenen Handelsgesellschaften und Kommanditgesellschaften jeder persönlich haftende Gesellschafter bezw. jeder Liquidator den Antrag stellen (§ 72 Abs. 1).

2. Das Gericht entscheidet nach freiem Ermessen und hat gegebenenfalls Sachverständige zu hören, § 21.

3. Gleichgültig ist hier die Staatsangehörigkeit des Schuldners (vgl. Jaeger, Kriegsnot und Konkurs, Bank-Archiv 1914, S. 32 ff.; Breit, Umfang des Aufsichtsmoratoriums, JW. 1915, S. 161 ff.). Im übrigen siehe wegen Stellung der Ausländer Vorbemerkung b zu § 33, ferner das bei Jaeger 5. Aufl. KO. § 5 Anm. 9 ff. angeführte Schrifttum.

4. Ausschließlich zuständig ist das Amtsgericht, bei dem der Schuldner seine gewerbliche Niederlassung oder in Ermange-

lung einer solchen seinen allgemeinen Gerichtsstand hat (§ 71 KO.). Sonder-Gesch.Aufs. über inländisches Vermögen vgl. § 238 KO.

3. Durch Anordnung des Aufs.Verf., das den Konkurs „abwendet", entfällt selbstverständlich eine nach besonderen Rechtsvorschriften bestehende Konkursantragspflicht (Vorstandsmitglieder — Liquidatoren — notleidender juristischer Personen, Erbe, Nachlaßverwalter).

§ 2. Während der Dauer der Geschäftsaufsicht wird die Geschäftsführung des Schuldners durch eine oder mehrere Aufsichtspersonen unterstützt und überwacht. Die Aufsichtsperson kann zu diesem Zwecke die erforderlichen Maßnahmen treffen, insbesondere die Geschäftsführung ganz oder teilweise selbst übernehmen oder einer anderen Person übertragen.

1. Das Aufs.Verf. dient sowohl dem Gesamtinteresse der Gläubiger wie dem Interesse des Schuldners. Die Verluste der Gläubiger sollen durch ein billiges und beschleunigtes Verfahren unter Vermeidung der Zwangsverwertung der Masse möglichst verringert werden. Das Verfahren ordnet auch die künftige Schuldendeckung aus laufenden Mitteln (§ 5). Dem Schuldner soll die wirtschaftliche Leistungsfähigkeit, die selbständige Fortführung seines Geschäfts oder sonstigen Erwerbes erhalten und gestärkt werden. Die **Rechtsstellung des Schuldners** ist deshalb folgendermaßen gestaltet:

Er wird zunächst vor dem Zugriff der alten Gläubiger geschützt (§ 6 Abs. 2). Ihm wird eine Aufs.Person zur Unterstützung und Überwachung beigeordnet. Er behält grundsätzlich — im Gegensatz zum Konkurs (§ 6 KO.) — die Befugnis, sein Vermögen zu verwalten und darüber zu verfügen. Seine Geschäfts- und Prozeßfähigkeit bleibt unberührt. Er kann also klagen und verklagt werden, nach Maßgabe der einschlagenden Verordnungen Zahlungsfristen erbitten und erhalten usw. (§ 12 Anm. 3). Eine

Unterbrechung schwebender Prozesse findet nicht statt (falls Schuldner nicht etwa Kriegsteilnehmer).

Die dem Schuldner in § 3 Abs. 2 auferlegten Beschränkungen seiner Bewegungsfreiheit sind, was die Verfügungen anlangt, ohne dingliche Wirksamkeit (vgl. JW. 1915 S. 1453 und die dort Aufgeführten). Folgen der Zuwiderhandlung (eigenmächtigen Verhaltens) sind aber:

a) Die Gläubiger aus solchen Rechtshandlungen — ihr Irrtum ist belanglos — werden vom Verfahren „betroffen", d. h. ihre Ansprüche sind nicht vollstreckbar, so lange das Verfahren währt (§§ 4, 13).

b) Unter Umständen wird die Auff.Person die Geschäftsführung ganz oder teilweise selbst übernehmen oder einer anderen Person übertragen, sofern dies nicht schon geschehen.

c) Gegebenenfalls wird das Verfahren aufzuheben (§ 66) und der Konkurs die Folge sein.

d) Bei arglistiger Kollusion werden, soweit nicht die Sondervorschriften der Gläubigeranfechtung Schutz bieten, § 138 oder § 826 BGB. Anwendung finden.

2. Das eingangs dargelegte Doppelinteresse erfordert aber zweierlei:

a) Unterstützung und b) Überwachung durch einen unparteiischen Dritten: die **Aufsichtsperson.**

Zu a) Unterstützung.

Die Auff.Person soll dem Schuldner mit Rat und Tat zur Seite stehen, um ihm die Durchhaltung seines Unternehmens bis zum Eintritt günstigerer Zeiten zu ermöglichen. Sie hat darauf Bedacht zu nehmen, daß der Geschäftsbetrieb des Schuldners tunlichst aufrecht erhalten und sein Vermögen nicht geschmälert wird (§ 28 Satz 1).

Zu b) Überwachung (Beschränkung der Bewegungsfreiheit des Schuldners).

Die Auff.Person ist auch Kontrollorgan zum Schutz der Gläubiger und hat als solches darüber zu wachen, daß der Schuldner und seine Angestellten — bei Vermeidung der Aufhebung der Gesch.Auff. — keine Handlungen vornehmen, die über den Zweck der Durchhaltung und wirtschaftlichen Aufbesserung seiner Vermögenslage hinausgehen (§ 3 Abs. 2). Der Schuldner bleibt also grundsätzlich Herr seines Vermögens, auch des neu hinzutretenden, und gewissermaßen sein eigener Geschäftsführer, freilich unter Aufsicht. Pflicht des Schuldners zur Einsichtgewährung und Auskunftserteilung: § 3.

Die Auff.Person ist demnach nicht gesetzlicher Vertreter der Gläubiger.

Sie ist in der Regel auch nicht gesetzlicher Vertreter des Schuldners. Sie kann aber die Geschäftsführung ganz oder teilweise (z. B. die Kassenführung) auf andere übertragen oder selbst übernehmen. „Geschieht dies, so ist der Geschäftsführer befugt, im Rahmen der ihm obliegenden Tätigkeit den Schuldner zu vertreten. Der Umfang der Vertretungsmacht ergibt sich im einzelnen Falle aus dem Zwecke der Maßnahmen, der auf die Unterstützung und Überwachung des Schuldners gerichtet ist. Deshalb wird z. B., wenn der Schuldner Kaufmann ist, in dem gesetzlichen Umfang der Handlungsvollmacht (§ 54 des Handelsgesetzbuchs) regelmäßig ein zutreffender Maßstab für die Vertretungsmacht zu finden sein" (Begr.). Trotz Übertragung oder Übernahme bleibt indes die Geschäftsfähigkeit des Schuldners unberührt, seine Verfügungen haben dingliche Wirksamkeit. Bei eigenmächtigen Handlungen des Schuldners unterliegen aber die betreffenden Gläubiger dem Aufsichtsverfahren (keine Arreste und Zwangsvollstreckungen während dessen Dauer), gegebenenfalls ist das Verfahren nach § 66 aufzuheben. — Im Innenverhältnis gelten bei Übertragung entweder die Vorschriften über Dienstvertrag (§§ 611 ff., 675 BGB.) oder — falls ehrenamtlich — über Auftrag (§§ 662 ff. BGB.). — Bei Übertragung der Geschäftsführung auf andere Personen müssen etwa bestellte mehrere Auff.Personen im Einverständnis miteinander handeln. Einverständnis des Schuldners einzuholen erscheint in jedem Falle ratsam. Bei Meinungsverschiedenheiten entscheidet das Gericht (§ 29). Vgl. Jaeger in Bank-Arch.

1914 S. 34 und LG. Karlsruhe im Recht 1915 S. 172; eingehend Bendix in LZ. 1915 S. 193 ff., der freilich allenthalben Bevollmächtigung annimmt. — Wegen Selbstübernahme eines Prozesses durch die Auff.Person und der daraus sich ergebenden Folgen vgl. J.W. 1917 S. 195.

Bei der Auswahl der Auff.Person wird, da die VO. eine genaue Kenntnis des materiellen Konkursrechts voraussetzt (vgl. z. B. §§ 5, 13) und die Lösung schwieriger Rechtsfragen erheischt, in erster Linie auf erfahrene Konkursverwalter zurückzugreifen sein.

Das Maß der Unterstützungstätigkeit (Mithilfe bei der Abwicklung laufender, Eingehung neuer Geschäfte, Einziehung von Außenständen u. dgl.) und der Kontrolle (Nachprüfung aller das Vermögen betreffenden Rechtshandlungen des Schuldners und seiner Leute, aller Einnahmen und Ausgaben, der Buchführung, des geschäftlichen Schriftwechsels, gegebenenfalls Anstellung weiteren Geschäftspersonals, Einstellung einer Kontrollkasse, Anlegung der Gelder bei einer Bank mit der Bestimmung, daß nur mit Zustimmung der Auff.Pers. abgehoben werden darf, Übernahme der Geschäftsführung ganz oder zum Teil, Antrag nach § 3 Abs. 3 usw.) der Auff.Pers. wird sich im Einzelfall nach der Geschäftstüchtigkeit und Vertrauenswürdigkeit des Schuldners zu bestimmen haben.

Über die sonstigen Rechte und Pflichten der Auff.Person vgl. §§ 22 ff. (insbesondere § 28), § 45, 53.

Beendigung des Amtes: mit Beendigung des Verfahrens (§§ 66, 69), Entlassung aus wichtigen Gründen (§ 25), Tod, Wegfall der Geschäftsfähigkeit.

Im einzelnen vgl. auch Rechtliche Stellung der Aufsichtspersonen im Konkursabwendungsverfahren, Bendix in LZ. 1915, S. 189 ff.; LZ. 1917 S. 165 ff.

3. Das **gesamte** beschlagsfähige **Vermögen des Schuldners**, also auch neuerworbenes, **unterliegt der Gesch.Aufsicht.** Dagegen umfaßt die Gesch.Aufsicht über das Vermögen einer

offenen Handelsgesellschaft und einer Kommanditgesellschaft nicht auch das Privatvermögen eines Gesellschafters und umgekehrt (vgl. § 72 Abs. 2).

Die Gesch.Aufs. über das Gesellschaftsvermögen sperrt nicht schon als solche auch den Zwangszugriff der Gesellschaftsgläubiger auf das Eigenvermögen der Gesellschafter (streitig, siehe Kriegsbuch Güthe-Schlegelberger Bd. 1 S. 347, Bd. 2 S. 113). So auch Sä. OLG. 36 S. 379. Ebensowenig hindert die Gesch.-Aufs. über den Nachlaß Sonderbollstreckungen der Nachlaßgläubiger in das Eigenvermögen des unbeschränkt haftenden Erben.

Das ehemännliche Verwaltungs- und Nutznießungsrecht sowie das elterliche Nutznießungsrecht sind aufsichtsfrei, da der Pfändung nicht unterworfen (§§ 861, 862 ZPO.). Das bestehende eheliche Güterrecht wird durch die Gesch.Aufs. selbst nicht aufgehoben. Im einzelnen — insbesondere wegen Wirkung auf das Gesamtgut — vgl. Jaeger, Neuordnung der Gesch.Aufs. JW. 1917 S. 69.

Fremdes Gut, das der Schuldner verwaltet, unterliegt der Gesch.Aufs. nicht.

§ 3. Der Schuldner ist verpflichtet, der Aufsichtsperson Einsicht in seine Geschäftsbücher und sonstigen Aufzeichnungen zu gewähren und Auskunft über den Stand seines Vermögens und über seine Geschäfte zu geben.

Der Schuldner soll ohne Zustimmung der Aufsichtsperson weder unentgeltliche Verfügungen oder Verfügungen über Grundstücke und Rechte an Grundstücken vornehmen, noch Ansprüche befriedigen oder sicherstellen, noch andere als solche Verbindlichkeiten eingehen, die zur Fortführung des Geschäfts oder zu einer bescheidenen Lebensführung des Schuldners und seiner Familie erforderlich sind.

Auf Antrag der Aufsichtsperson kann das Gericht dem Schuldner besondere Verpflichtungen zur Sicherung der Gläubiger auferlegen.

1. Abs. 1 handelt von den **besonderen Pflichten des Schuldners gegenüber der Aufsichtsperson:**

Um der Auff.Person die Unterstützung- und Überwachung zu ermöglichen, hat der Schuldner die Pflicht, ihr

a) Einsicht in seine Geschäftsbücher und sonstigen Aufzeichnungen (Briefwechsel usw.) zu gewähren,

b) Auskunft zu geben.

Diese Pflichten bestehen auch gegenüber den Hilfspersonen, deren sich die Auff.Person bedient (z. B. Bücherrevisoren); in Streitfällen entscheidet das Gericht (§ 29). Dagegen bestehen sie nicht gegenüber den einzelnen Gläubigern (beschränkte Auskunftspflicht gegenüber den Mitgliedern des Gläubigerbeirats vgl. § 32 Anm. 1). Da aber das Auff.Verf. vom Offizialprinzip beherrscht wird (§ 16), kann der Einzelgläubiger unter Umständen durch Anordnung des Gerichts Auskunft und gegebenenfalls Einsichtnahme erlangen. Bei Verletzung der Pflichten besteht — entgegen § 101 Abs. 2 KO. — kein Zwangsmittel, der Schuldner hat aber Aufhebung der Gesch.Auff. zu gewärtigen (§ 66).

2. Abs. 2 behandelt die **zum Schutz der Gläubigerschaft dem Schuldner auferlegten allgemeinen Pflichten.** Entsprechend dem Zweck des Verfahrens, dem Schuldner die geschäftliche Selbständigkeit zu erhalten, aber doch eine möglichst gleichmäßige Befriedigung aller vom Verfahren betroffenen Gläubiger zu gewährleisten, ist er

A) ohne jede Einschränkung befugt, ohne Zustimmung der Auff.Person folgende Rechtshandlungen vorzunehmen:

a. Er darf selbständig Verbindlichkeiten eingehen, die zur Fortführung des Geschäfts „erforderlich“ sind — d. h. die im Rahmen des bisherigen Umfangs und einer nach der allgemeinen Wirtschaftslage gebotenen oder üblichen Erweiterung vorgenommen werden.

b. Er darf aus seinem Vermögen die Mittel zu einer bescheidenen Lebensführung für sich und seine Familie entnehmen. Das Gesetz spricht auch hier nur von „Eingehung von Verbindlichkeiten", nicht von Vornahme diesbezüglicher Rechtshandlungen. Diese Begriffsbestimmung bedarf aber nach dem Zweck der Vorschrift einer weiten Auslegung und umfaßt auch die Erfüllung entsprechender Ansprüche. „Bescheiden" dürfte die Mitte zwischen standesgemäß und notdürftig bilden. Maßgebend ist die Lebensstellung des Schuldners. Die geschiedene und unterhaltsberechtigte — im Gegensatz zur nur getrennt lebenden — Ehefrau und das uneheliche Kind dürften im Sinne dieser Vorschrift hinsichtlich der nach Anordnung der Gesch.Aufs. fälligen Rentenansprüche nicht zur „Familie" des Schuldners rechnen. (Vgl. Breit JW. 1915 S. 167; abweichend Levy, Die Gesch.Aufs. zur Abw. des Konk. Verf. 1915 S. 43). Wegen der nicht in Hausgemeinschaft des Schuldners stehenden Enkel vgl. LG. Berlin III. 4. T. 226, 16. 10. März 16, Bl. f. Rechtspfl. i. B. d. K. XXVII. 77 (verneinend). — Bei Abmessung der dem Schuldner zuzubilligenden Mittel wird insbesondere auch das ehemännliche und elterliche Nutznießungsrecht zu berücksichtigen sein (s. § 2 Anm. 3).

c. Er darf solche Rechtshandlungen vornehmen, die den Bestand des Vermögens — auf dessen Schutz allein die VO. abzielt — nicht berühren (Ausstellung von Zeugnissen, Räumung usw.); vgl. § 4 Anm. 1 b.

Die Gläubiger aus allen vorbezeichneten Rechtshandlungen des Schuldners sind vom Verfahren nicht betroffen (§§ 4, 13 Abs. 1 Nr. 1). Gleiches gilt von den durch die Ehefrau des Schuldners innerhalb ihres häuslichen Wirkungkreises vorgenommenen — nach § 1357 BGB. als im Namen des Mannes vorgenommen zu erachtenden — Rechtsgeschäften, soweit zur bescheidenen Lebensführung erforderlich (oben b).

B) Über den Rahmen dieser Geschäfte (1—3) hinaus, die alle ungehemmt vollstreckbare Verbindlichkeiten begründen, soll der Schuldner zu seinen Rechtshandlungen die Zustimmung der Auff. Person einholen. Die Zustimmung kann vorher oder nachträglich erfolgen, bedarf keiner Form. Sie kann im allgemeinen für einen bestimmten Kreis von Geschäften oder für den Einzelfall erteilt werden. Die Auff. Person entscheidet hier nach freiem Ermessen, freilich unter eigener Verantwortlichkeit (§ 24). Die Nichtzustimmung berührt die Rechtswirksamkeit nicht. Die Gläubiger aus solchen Rechtshandlungen sind aber vom Verfahren betroffen (§ 4 Anm. 1). Wegen der Folgen der Vornahme zustimmungsbedürftiger Rechtshandlungen ohne Zustimmung vgl. § 2 Anm. 1. — Die Zustimmung kann ersetzt werden: § 29.

3. „Im Interesse der Sicherung der Gläubiger ermächtigt die Vorschrift in Abs. 3 das Gericht, auf Antrag der Auff. Person dem Schuldner auch noch weiter gehende Verpflichtungen als die gesetzlichen aufzuerlegen. Das Gericht kann danach z. B. anordnen, daß der Schuldner auch solche Verbindlichkeiten, die zur Fortführung des Geschäfts erforderlich sind, nur mit Zustimmung der Auff. Person eingehen soll" (Begr.).

§ 4. **Von dem Verfahren werden vorbehaltlich der im § 13 bestimmten Ausnahmen alle persönlichen Gläubiger betroffen, die einen vermögensrechtlichen Anspruch gegen den Schuldner haben.**

Vorbemerkung. Ähnlich wie im Konkursverfahren ist für das konkursabwendende Auff. Verf. die **Rechtsstellung der Gläubiger** geregelt.

Der für das Konkursverfahren getroffenen wesentlichen Unterscheidung zwischen Konkursgläubigern und Massegläubigern entspricht die scharfe Scheidung zwischen solchen Gläubigern:

A) die vom Verfahren betroffen werden (in deren Rechte eingegriffen wird) und

B) die vom Verfahren nicht betroffen werden.

Weiter sorgt das Gesetz für eine gleichmäßige Befriedigung der Gläubiger, dies freilich ohne Rücksicht auf die Frage, ob sie betroffen sind oder nicht (§ 5).

1. Zu A). Den **„betroffenen" Gläubigern** ist für die Dauer des Auff.Verf. jeder Zugriff im Zwangswege verwehrt (§ 6). Gegebenenfalls Erinnerung aus § 766 ZPO. durch den Schuldner. Dementsprechend ist die Verjährung gehemmt (§ 7). Dagegen sind einstweilige Verfügungen nicht schlechthin unstatthaft. Zulässig ferner Klagen aller Art (vgl. § 12 Anm. 2), Urteile, Zahlungsbefehle, Vollstreckungsbefehle, Vollstreckungsurteile, Erteilung von Vollstreckungsklauseln (da kein Akt der Zwangsvollstreckung) und sonstige Rechtsbehelfe zur Geltendmachung der Gläubigerrechte Eine allgemeine Stundung im Rechtssinne liegt also nicht vor, nur eine Exekutionsstundung (vgl. G. Klien JW. 1914 S. 770).

Wegen der Kosten bei Klagerhebung vgl. aber § 12.

Auch die sonstigen Rechte sind nicht geschmälert, der Bestand der Gläubigerforderungen bleibt unberührt: Verzugsfolgen und sonstige Folgen der Nichtleistung treten ein (Zinsen, kassat. Klausel usw.), Geltendmachung von Zurückbehaltungsrechten ist zulässig, ferner Aufrechnung mit der Beschränkung in § 8. Schwebende Prozesse werden im allgemeinen nicht unterbrochen.

Die „betroffenen" Gläubiger sind ferner am etwa anschließenden Zwangsvergleichsverfahren (§§ 33 ff.) beteiligt.

Zu dieser ersten Klasse von Gläubigern rechnen alle persönlichen (obligatorischen) mit solchen vermögensrechtlichen Ansprüchen (vgl. § 3 Abs. 1 KO.),

a) die vor der Anordnung der Gesch.Auff. erwachsen sind (Ausnahmen: § 13 Abs. 1 Nr. 2—5);

b) die nachher entstanden sind und auf zustimmungsbedürftigen, aber ohne Zustimmung der Auff.Person vorgenommenen Rechtshandlungen beruhen (s. § 3 Anm. 2 B). Unter vermögensrechtlichen Ansprüchen im Sinne der VO. sind nach dem Zweck des Gesetzes, den Zwangszugriff in das Vermögen des Schuldners zu beschränken (§ 6), in enger Auslegung des Begriffs lediglich solche Ansprüche zu verstehen, die auf Entrichtung geldwerter Leistungen aus dem Vermögen des Schuldners gehen. Ansprüche auf Erteilung von Zeugnissen, Vorlegung von Handelsbüchern, Rechnungslegung und ähnliche nur vom Schuldner persönlich bewirkbare Individualhandlungen (§§ 888, 890 ZPO.) — die zwar im weiteren Sinne mit zu den vermögensrechtlichen zählen, soweit sie für den Gläubiger Vermögenswert haben, vgl. Gaupp-Stein ZPO. 11. Aufl. § 1 II — werden mithin nicht betroffen, gleichviel ob sie vor oder nach Anordnung der Gesch.Auff. erwachsen sind. Sie sind bevorrechtigt, auch hinsichtlich etwaiger Geldstrafen-Zwangsmittel, da sie sich gegen die Person, nicht gegen das Vermögen des Schuldners richten.

2. Zu B). Die **„nicht betroffenen" Gläubiger** sind hinsichtlich der Geltendmachung ihrer Ansprüche an keine Schranke gebunden, können also auch während der Dauer des Auff.Verf. mit Arrest oder Zwangsvollstreckung vorgehen. Lediglich die Konkurseröffnung können sie für die Dauer der Gesch.Auff. nicht beantragen. Sie sind ferner im etwa anschließenden Zwangsvergleichsverfahren nicht beteiligt.

Zu dieser Klasse von Gläubigern rechnen die Gläubiger der in § 13 aufgeführten Ansprüche, nämlich

a) solcher, die auf Rechtshandlungen beruhen, die nach Anordnung der Gesch.Auff. mit Zustimmung der Auff.Person vorgenommen wurden oder der Zustimmung nicht bedurften (§ 3 Anm. 2 A);

b) solcher, die im Falle des Konkurses aussonderungsberechtigt oder absonderungsberechtigt sind, ferner die in § 13 Nr. 2, 5 und 6 näher bezeichneten bevorrechtigten Konkursgläubiger und Massegläubiger.

c) Über Aufrechnungsmöglichkeit vgl. § 8.

§ 5. Die vorhandenen Mittel sind, soweit sie nicht zur Fortführung des Geschäfts und zu einer bescheidenen Lebensführung des Schuldners und seiner Familie erforderlich sind, zur Befriedigung der Gläubiger zu verwenden, auch soweit sie von dem Verfahren nicht betroffen werden. Die Reihenfolge der Befriedigung wird von der Aufsichtsperson unter entsprechender Anwendung der Grundsätze der Konkursordnung bestimmt; Abweichungen von diesen Grundsätzen sind nur mit Zustimmung des Gerichts zulässig.

1. Das Auff.Verf. dient nicht nur dem Schutz des Schuldners, sondern auch dazu, die **Befriedigung der Gläubiger** zu regeln (§ 2 Anm. 1). Abwegig Breit JW. 1915 S. 162. Deshalb sind die vorhandenen laufenden Mittel, soweit sie nicht zur Fortführung des Geschäfts und bescheidener Lebensführung erforderlich (§ 3 Anm. 2 A) sind, zur Befriedigung der Gläubiger zu verwenden.

2. Zu berücksichtigen sind sowohl die betroffenen Gläubiger (§ 4), wie die nicht betroffenen (§ 13). „Daß die nicht betroffenen Gläubiger, insbesondere die in § 13 Nr. 1 bezeichneten, nicht übergangen werden dürfen, bedeutet nur eine Klarstellung" (Begr.). Da aber — nach der wenig glücklichen allgemeinen Fassung — die Grundsätze der Konkursordnung entsprechende Anwendung zu finden haben, sind folgende Gesichtspunkte zu beachten:

Im Konkurs sind die absonderungsberechtigten Gläubiger von der Einzelvollstreckung nicht ausgeschlossen, während die bevorrechtigten Gläubiger beteiligt, mithin vom Sonderzugriff ausgeschlossen sind. Entsprechende Anwendung dieser Vorschriften ergibt nachstehende Rangfolge:

1. Absonderungsberechtigte (§ 13 Abs. 1 Nr. 4) sind aus den verfügbaren Mitteln nach § 5 nur zu berücksichtigen, insoweit mit der Sachhaftung die persönliche Haftung zusammentrifft

und der Gläubiger voraussichtlich keine Befriedigung aus dem verhafteten Gegenstand erlangt (§ 64 mit § 153 Abs. 2 KO.);

2. vorweg zu befriedigen sind — entsprechend §§ 57 ff. KO. — die den Masseschulden entsprechenden Ansprüche in § 13 Abs. 1 Nr. 1 und 2, alsdann die den Massekosten entsprechenden in § 13 Nr. 6, selbstverständlich vorbehaltlich des Sonderzugriffs dieser Gläubiger;

3. hierauf kommen die bevorrechtigten Gläubiger (§ 61 Nr. 1 bis 5 und § 62 KO., § 18 Abs. 1 Nr. 5 VO.) und die ihnen gleichgestellten (vgl. Jaeger KO. 5. Aufl. § 61 Anm. 1 ff., 16, 18; Beispiele § 13 Anm. 5) in der in § 61 KO. festgestellten Rangfolge zum Zug;

4. alsdann sind die übrigen persönlichen Gläubiger mit vermögensrechtlichen Ansprüchen zu berücksichtigen; „gleichmäßige Befriedigung gilt als Regel" (Begr.).

3. Abweichungen kommen insbesondere in Frage bei unbedeutenden dringlichen Schulden, wenn die Kreditverhältnisse es erheischen (ein Bekanntwerden in weiteren Kreisen ohne erhebliche Schädigung der Gesamtgläubigerschaft vermieden, neue günstige Geschäftsverbindung ermöglicht wird) u. dgl.

Solche Abweichungen werden insbesondere vielfach bei Absonderungsberechtigten in Frage kommen, sofern die Erhaltung des ihnen verhafteten Gegenstands im Interesse der Gesamtgläubigerschaft geboten ist. Vor allem bei wertvollen Grundstücken — etwa nur $^{1}/_{2}$ Belastung, Aussicht auf gewinnbringenden Verkauf — wird die volle Zahlung der Hypothekenzinsen zur Vermeidung eines Zwangszugriffs, mithin vorzugsweise Befriedigung der Hypothekengläubiger aus den laufenden Mitteln nötig und gegebenenfalls durchs Gericht zu genehmigen sein (s. § 28 Anm. 1).

4. Die Befriedigung selbst hat grundsätzlich durch den Schuldner zu erfolgen, vgl. aber § 2 Satz 2. Eigenmächtiges Handeln des Schuldners hat keine Unwirksamkeit zur Folge, kann aber wichtigen Grund zur Aufhebung des Verfahrens bilden (§ 66).

§ 6. Während der Dauer der Geschäftsaufsicht darf das Konkursverfahren über das Vermögen des Schuldners nicht eröffnet werden.

Arreste und Zwangsvollstreckungen in das Vermögen des Schuldners finden zugunsten der Gläubiger, die von dem Verfahren betroffen werden, nicht statt. Zu ihren Gunsten darf in Ansehung der Grundstücke des Schuldners sowie der für den Schuldner eingetragenen Rechte an Grundstücken oder an eingetragenen Rechten eine Vormerkung auf Grund einer einstweiligen Verfügung nicht eingetragen werden; das gleiche gilt von der Eintragung einer Vormerkung in Ansehung eines Schiffspfandrechts.

Zu Abs. 1:

1. Das **gesamte** beschlagsfähige, auch das neu hinzukommende **Vermögen des Schuldners** bleibt für die Dauer der Gesch.Auff. **vom Konkurs verschont** (vgl. § 2 Anm. 3).

Wegen des Beginns der Wirksamkeit der Gesch.Auff. vgl. § 21 Anm. 2 und Jaeger, Neuordnung der Gesch.Auff. JW. 1917 S. 71 f.

Die mit der Konkurseröffnung für den Schuldner verbundenen privatrechtlichen Sonderfolgen nebst öffentlichrechtlicher capitis deminutio treten im Auff.Verf. nicht ein. Keine Entlassung als Vormund oder Pfleger, keine Beendigung der Vermögensverwaltung des elterlichen Gewalthabers, der ehemännlichen Verwaltung am eingebrachten Gut (s. § 2 Anm. 3).

Zu Abs. 2:

2. Die **betroffenen** Gläubiger (§ 4) sind **nicht** befugt, während der Dauer des Verfahrens in das Schuldnervermögen einen **Arrest** zu vollziehen (Zustellung eines schon vollzogenen Arrestes kann nachgeholt werden, Gaupp-Stein ZPO. 11. Aufl. § 929 Abs. 3 Anm. 33) **oder** mit **Zwangsvollstreckung** zu beginnen oder sie fortzuführen. Unkenntnis des betroffenen Gläubigers

von Anordnung der Gesch.Auff. ist bedeutungslos. Eine vor Anordnung der Gesch.Auff. erwirkte Pfändungsankündigung (Vorpfändung) wird gegenstandslos. Vgl JW. 1915 S. 319 (LG. Karlsruhe) und Kirchberger in JW. 1915 S. 491 mit zutreff. Begründung unter Ablehnung der Ansicht von Kullmann in JW. 1915 S. 318; ferner Rothbarth in LZ. 1914 S. 1033. Es finden **keine Vormerkungen im Zwangswege** statt, während Erwirkung von Widersprüchen zugunsten von Aus- und Absonderungsansprüchen natürlich vom Abs. 2 unberührt bleibt. Einstweilige Verfügungen sind (abgesehen von Abs. 2 Satz 2) zulässig, da sie nicht ausdrücklich ausgenommen sind und dem Zwecke der VO., den Konkurs und die Beschlagnahme zu vermeiden, nicht entgegenstehen (streitig, vgl. Zusammenstellung im Kriegsbuch von Güthe u. Schlegelberger 1916 Bd. 2 S. 108). Zulässig sind endlich Klagen aller Art (s. § 12 Anm. 2) und die sonstigen Rechtsbehelfe zur Geltendmachung der Gläubigeransprüche. Der Bestand der Forderungen betroffener Gläubiger bleibt aber unberührt: § 4 Anm. 1.

Die Unzulässigkeit der Vollstreckung dürfte von Amts wegen zu berücksichtigen sein. Gegebenenfalls Erinnerung aus § 766 ZPO. Ob letztere nur durch den Schuldner oder durch jeden Interessenten erhoben werden kann, erscheint zweifelhaft. Vgl. darüber JW. 1917 S. 196 f.

3. Eine Bestimmung dahin, daß Beschlagnahmen aus den letzten Tagen vor der Anordnung der Gesch.Auff. der Absonderungskraft ermangeln, fehlt leider (vgl. dagegen § 12 österr. Ausgl.Ordnung). Ausnahme bei Gesch.Auff. über Nachlaß und Gesamtgut bei fortges. Gütergemeinschaft; vgl. § 73 VO. i. Verb. mit § 221 KO.

4. Ob für den Bürgen die Einrede der Vorausklage unter dem Gesichtspunkt des § 773 Nr. 4 BGB. entfällt (Recht 1915 S. 453), erscheint zweifelhaft.

§ 7. Die Verjährung des Anspruchs eines Gläubigers, der von dem Verfahren betroffen wird, ist während der Dauer der Geschäftsaufsicht gehemmt.

Verjährung.

Da die Verjährung der vom Verf. betroffenen Gläubiger gehemmt ist, ist „kein Gläubiger genötigt, während des Verfahrens lediglich deshalb Klage zu erheben, um die Verjährung zu unterbrechen. Demgemäß kann sich ein Gläubiger auch nicht auf drohende Verjährung berufen, um ein berechtigtes Interesse an alsbaldiger Erlangung eines Urteils im Sinne des § 12 Satz 2 darzutun" (Begr.).

Die Ansprüche der nicht betroffenen Gläubiger (§ 13) unterliegen der Verjährung, da Zwangszugriff nicht verwehrt.

§ 8. Ein Gläubiger, der von dem Verfahren betroffen wird, kann während der Dauer der Geschäftsaufsicht seine Forderung gegen den Schuldner nicht aufrechnen,

1. wenn er dem Schuldner erst nach der Anordnung der Geschäftsaufsicht etwas schuldig geworden ist;
2. wenn er dem Schuldner vor der Anordnung der Geschäftsaufsicht etwas schuldig war und erst nachher seine Forderung erworben hat.

Aufrechnung.

Entspricht § 55 Nr. 1 und 2 KO. Rückwirkung auf die Zeit der Kenntniserlangung von der Zahlungseinstellung findet — entgegen KO. § 55 Nr. 3 — leider nicht statt.

Im Falle der Eröffnung des Vergleichsverfahrens ist die Aufrechnung auch dann zulässig, wenn die Forderung des Gläubigers zur Zeit der Eröffnung des Vergleichsverfahrens noch nicht fällig war (§ 36 i. Verb. mit § 65 KO.).

§ 9. Wenn ein gegenseitiger Vertrag zur Zeit der Anordnung der Geschäftsaufsicht von dem Schuldner und von dem anderen Teile noch nicht oder noch nicht vollständig erfüllt ist, so kann der Schuldner mit Ermächtigung des Gerichts die Erfüllung ablehnen. Die Ermächtigung soll nur erteilt werden, wenn die Nichterfüllung des Vertrags zur Erreichung des Zweckes der Geschäftsaufsicht geboten ist und dem anderen Teile keinen unverhältnismäßigen Nachteil bringt.

Lehnt der Schuldner die Erfüllung ab, so kann der andere Teil Schadensersatz wegen Nichterfüllung verlangen.

§ 10. Hatte der Schuldner vor der Anordnung der Geschäftsaufsicht einen Gegenstand gemietet oder gepachtet, so kann er das Miet- oder Pachtverhältnis mit Ermächtigung des Gerichts kündigen. Die Vorschrift des § 9 Abs. 1 Satz 2 ist entsprechend anzuwenden. Die Kündigungsfrist ist, falls keine kürzere Frist bedungen war, die gesetzliche.

Kündigt der Schuldner, so kann der andere Teil Ersatz des ihm durch die Aufhebung des Vertrags entstehenden Schadens verlangen. Das dem Vermieter und dem Verpächter nach den §§ 559, 581, 585 des Bürgerlichen Gesetzbuchs zustehende Pfandrecht kann in Ansehung des Schadensersatzanspruchs nicht geltend gemacht werden.

§ 11. Ein in dem Haushalt, Wirtschaftsbetrieb oder Erwerbsgeschäft des Schuldners angetretenes Dienstverhältnis kann von dem Schuldner mit Ermächtigung des Gerichts gekündigt werden. Die Vorschrift des § 9 Abs. 1 Satz 2 ist entsprechend anzuwenden. Die Kündigungsfrist ist, falls keine kürzere Frist bedungen war, die gesetzliche.

Kündigt der Schuldner, so kann der andere Teil Ersatz des ihm durch die Aufhebung des Dienstverhältnisses entstehenden Schadens verlangen.

Vorbemerkung zu §§ 9—11.

Die §§ 9—11 gestatten aus Billigkeitserwägungen einen **Sondereingriff in Rechte Dritter (vorzeitige Vertragslösung)** bei beiderseits noch unerfülltem Vertrag, Miet- und Pachtvertrag sowie Dienstvertrag; im wesentlichen entsprechend §§ 17, 19, 22, 26, 49 Nr. 2 Halbsatz 2 KO.

1. Ein noch nicht oder nicht vollständig erfüllter gegenseitiger Vertrag (z. B. Kauf, Tausch, Werklieferung) wird grundsätzlich durch die Gesch.Aufs. nicht berührt, ist also beiderseits voll zu erfüllen. Diese Gläubiger werden nach § 13 Abs. 1 Nr. 2 vom Verfahren nicht betroffen. Falls aber die Erfüllung für den Schuldner offenbar nur eine wesentliche Verschlechterung seiner Vermögenslage zur Folge haben, mithin der Zweck der Gesch.Aufs., ihm die Durchhaltung seines Unternehmens zu ermöglichen, vereitelt werden würde — was insbesondere bei langfristigen Lieferungsverträgen vielfach der Fall sein wird —, kann das Gericht den Schuldner zur Erfüllungsablehnung ermächtigen. Dies soll nur ausnahmsweise geschehen, insbesondere soll dem anderen Teil dadurch kein unverhältnismäßiger Nachteil erwachsen.

2. Miet-, Pacht- und Dienstverträge unterliegen, da gegenseitige Verträge, den Bestimmungen in § 9. Hatte aber der Schuldner vor Anordnung der Gesch.Aufs. gemietet, gepachtet oder als Dienstherr Gesinde oder Personal angestellt, so gilt die Besonderheit, daß er jederzeit im Laufe des Aufs.Verfahrens mit Ermächtigung des Gerichts kündigen kann. Die Kündigungsfrist ist die gesetzliche, falls keine kürzer bedungen war.

3. Dem Vertragsgegner (insbesondere dem Vermieter) ist kein Recht zur vorzeitigen Lösung des Vertrages eingeräumt.

4. Vor der Entscheidung hat das Gericht den Gegner zu hören und gegebenenfalls auf Grund des § 16 Erhebungen anzustellen. Auch die Anhörung der Auff.Person wird wegen der Tragweite der zu treffenden Entschließung regelmäßig geboten sein.

5. Für die vorbezeichneten Verträge besteht zunächst ein Schwebezustand: kommt es zur Erfüllungsablehnung oder Kündigung, so erlöschen die beiderseitigen Erfüllungsansprüche; an ihre Stelle tritt der einseitige Anspruch des Vertragsgegners auf Ersatz des — ihm etwa erwachsenden — Schadens. Dieser Anspruch wird vom Verfahren betroffen (§ 13 Abs. 2) und ist durch das Vermieter- oder Verpächterpfandrecht nicht gesichert. Macht der Schuldner von seinen Sonderrechten keinen Gebrauch, so bleibt der gesamte Erfüllungsanspruch des Gläubigers vom Verfahren unberührt; der Gläubiger kann nach § 13 Abs. 1 Nr. 2 ungehindert vollstrecken. Er genießt, wenn er Vermieter oder Verpächter ist, auch infolge seines Pfandrecht eine Vorzugsstellung (§ 13 Abs. 1 Nr. 4). Erfüllt der Schuldner die ihm obliegenden Vertragspflichten nicht, so bieten ihm die gesetzlichen und vertraglichen Rücktritts- und Kündigungsrechte gewisse Handhaben.

Besonderheiten gelten bei Teilbarkeit der Leistungen (insbesondere einheitlich vereinbarten Sukzessiv-Lieferungen). Soweit die teilbaren Raten bereits beiderseits voll erfüllt sind, besteht das Ablehnungsrecht für das Restschuldverhältnis. — Auch bei andauernden Schuldverhältnissen, d. h. solchen, bei denen die gegenseitigen Verbindlichkeiten laut ausdrücklicher oder stillschweigender Vereinbarung für aufeinanderfolgende Zeitabschnitte sich fortlaufend erneuern (Wiederkehr-Schuldverhältnisse), wie insbesondere bei Miete, Pacht, Dienstvertrag, Lieferung von Gas, Elektrizität, Wasser, bezieht sich das Recht zur Ablehnung bezw. Kündigung nur auf die bei Anordnung der Gesch.Auff. laufenden und etwa folgenden Abschnittsraten, während die Ansprüche aus alten Abschnitten vom Verfahren betroffen sind. Im einzelnen vgl. Jaeger 5. Aufl. KO. § 17 Anm. 16 u. 18b mit Verweisen. Beispiel:

Der Schuldner hatte ab 1. Jan. 1914 auf 5 Jahre gemietet. Rückständig ist die Miete seit 1. Juli 1916. Wird die Gesch.Auff. im Februar 1917 eröffnet, so kann der Schuldner nach § 565 BGB. spätestens am 3. Werktag des folgenden Vierteljahres (4. April 1917) mit Wirkung für den 30. Juni 1917 kündigen. Geschieht dies, so ergibt sich folgende Rechtslage hinsichtlich der Ansprüche des Gläubigers:

a) Der Anspruch wegen des Mietzinses für das zweite Halbjahr 1916 (rückständiger Abschnitt) ist vom Verfahren betroffen; er ist aber durch das Vermieterpfandrecht gedeckt (§ 13 Abs. 1 Nr. 4);

b) der Anspruch für das laufende Halbjahr 1917 ist vom Verfahren nicht betroffen (§ 13 Abs. 1 Nr. 2), überdies durch das Vermieterpfandrecht gedeckt;

c) dagegen wird der Schadensersatzanspruch wegen der vorzeitigen Lösung des Vertrags vom Verfahren betroffen (§ 13 Abs. 2) und ist durch das Pfandrecht nicht gesichert.

6. Die Ermächtigung zur Ablehnung oder Kündigung im Sinne der §§ 9—11 kann mangels gegenteiliger Vorschrift jederzeit im Laufe des Auff.Verfahrens erbeten und erteilt werden. Eine Pflicht, sich auf Anfrage des Vertragsgegners unverzüglich zu entscheiden, besteht für den Schuldner — anders wie im Konkurse — nicht. Gegebenenfalls wird der Gläubiger mit Hilfe des Gerichts eine Erklärung herbeiführen können.

7. Alles vorstehende gilt auch für die Übergangszeit:

Die neue Verordnung ist mit Wirkung vom 25. Dezember 1916 an die Stelle der alten getreten (§ 80). Da es Zweck der VO. ist, gleichzeitig die Mißstände, die sich nach der alten VO. für die schwebenden Auff.Verf. ergeben hatten, zu beseitigen, muß angenommen werden, daß auch die materiellen Bestimmungen der neuen VO., insbes. §§ 1—13, auf die schwebenden Auff.Verfahren Anwendung zu finden haben, obwohl eine ausdrückliche Übergangsvorschrift hierzu fehlt. Mithin gelten auch alle Gläubiger aus den in den §§ 9—11 erwähnten Schuldverhältnissen, soweit diese Verträge zur Zeit der Anordnung des Auf.Verfahrens begründet und am 25. Dez. 1916 noch beiderseits unerfüllt waren, nunmehr hinsichtlich des einheitlichen Erfüllungsanspruchs als vom Verfahren nicht betroffen (§ 18 Abs. 1 Nr. 2).

§ 12. Erhebt ein Gläubiger, der von dem Verfahren betroffen wird, während der Dauer der Geschäftsaufsicht Klage auf Leistung, so fallen ihm die Prozeßkosten zur Last, wenn der Schuldner den Anspruch sofort anerkennt. Dies gilt nicht, wenn der Gläubiger bei der Erhebung der Klage die Geschäftsaufsicht nicht kannte oder aus besonderem Grunde an alsbaldiger Erlangung des Urteils ein berechtigtes Interesse hatte.

1. Die Regelung der **Kostenlast bei Klagerhebung** entspricht im wesentlichen der Bestimmung in § 93 ZPO. Falls der Schuldner keinen Anlaß zur Klage gegeben hat, treffen die Kosten den Kläger. Aus Billigkeitserwägungen erhält aber der Schuldner die Kosten stets auch dann auferlegt, wenn der Gläubiger bei Klageerhebung „aus besonderem Grunde" ein berechtigtes Interesse an alsbaldiger Erlangung des Urteils hatte, so bei früherem Bestreiten des Schuldners, Nichtantwort auf das Verlangen der Anerkennung, oder wenn der Gläubiger keine Kenntnis von der Gesch.Auff. hatte (§ 18: keine öffentliche Bekanntmachung). „Da „besondere" Gründe vorliegen müssen, kann die in jedem Falle mögliche Erwägung, daß der Schuldner nicht gezahlt habe, und daß die vorsorgliche Beschaffung eines Titels für den Fall der Beendigung der Gesch.Auff. dem Gläubiger stets Vorteile b inge, nicht genügen, um ein berechtigtes Interesse im Sinne der Vorschrift zu begründen" (Begr.). Aus Zweckmäßigkeitsgründen empfiehlt es sich deshalb für die Auff.Person, zur Vermeidung jeden Zweifels alsbald nach Anordnung der Gesch.Auff. den Gläubigern mit-

zuteilen, daß und in welcher Höhe die Forderung anerkannt wird (vgl. G. Klien in JW. 1915 S. 770).

2. Der § 12 erledigt eine vielumstrittene Frage des bisherigen Rechts (vgl. RG. in JW. 1917 S. 161 ff.), indem er stillschweigend die Zulässigkeit einer Klage und damit einer Verurteilung anerkennt. Zulässig ist jede Art von Klage, also Klage auf sofortige Leistung, auf Abgabe einer Willenserklärung, Feststellungsklage nach § 256 ZPO., Klage auf künftige Leistung nach §§ 257 ff. ZPO. Wird aber das Zwangsvergleichsverfahren eröffnet, so entfällt u. U. das Rechtsschutzbedürfnis im Hinblick auf den Vermerk über Anerkennung der Forderung im Verzeichnis nach § 47 Abs. 3. Außer der Klage stehen den G l ä u b i g e r n alle sonstigen Rechtsbehelfe zur Geltendmachung ihrer Forderungen (z. B. einstweilige Verfügung) offen mit alleiniger Ausnahme der Zwangsvollstreckung einschließlich Arrestvollzugs, s. § 6 Anm. 2.

Zur Durchführung des Vollstreckungsverbots werden auf Antrag des Schuldners i n d i e U r t e i l s f o r m e l e i n s c h r ä n k e n d e Z u s ä t z e aufzunehmen sein (bei Leistungsklagen dahin: daß Arrest und Zwangsvollstreckung während der Geschäftsaufsicht unstatthaft sind; bei Klagen auf Abgabe von Willenserklärungen dahin: daß die Willenserklärung erst mit Eintritt der Recht kraft der Beendigung der Geschäftsaufsicht als abgegeben zu gelten hat). Im einzelnen vgl. Jaeger in JW. 1917 S. 196 und RG. in JW. 1917 S. 162.

3. Auch die Prozeßlage des S c h u l d n e r s ist durch die Gesch.Auff. unberührt. Die VO. v. 7. Aug. 14 (Zahlungsfristen), v. 18. Aug. 14 (Erlaß der Rechtsfolgen der Nichtzahlung), Ges. zum Schutz der Kriegsteilnehmer v. 4. Aug. 14 usw. finden u. U. auf ihn Anwendung.

§ 13. Von dem Verfahren werden nicht betroffen:

1. die Gläubiger, deren Ansprüche auf Rechtshandlungen des Schuldners beruhen, die dieser nach

der Anordnung der Geschäftsaufsicht mit Zustimmung der Aufsichtsperson vorgenommen hat oder ohne solche Zustimmung vornehmen durfte;

2. die Gläubiger, deren Ansprüche auf einem gegenseitigen Vertrage beruhen, der zur Zeit der Anordnung der Geschäftsaufsicht von dem Schuldner und von dem anderen Teile noch nicht oder noch nicht vollständig erfüllt war;
3. die Gläubiger, denen im Falle des Konkurses ein Anspruch auf Aussonderung zusteht;
4. die Gläubiger, soweit sie im Falle des Konkurses abgesonderte Befriedigung beanspruchen können;
5. die im § 61 Nr. 1 bis 5 der Konkursordnung bezeichneten und die ihnen gesetzlich gleichgestellten Gläubiger wegen ihrer bevorrechtigten Forderungen, auch soweit sie nach der Anordnung der Geschäftsaufsicht fällig werden;
6. die Staatskasse wegen der gerichtlichen Kosten des Verfahrens sowie die Aufsichtsperson wegen ihrer Ansprüche auf Erstattung von Auslagen und auf Vergütung.

Die unter Nr. 2 bezeichneten Gläubiger werden hinsichtlich der im § 9 Abs. 2, § 10 Abs. 2, § 11 Abs. 2 bezeichneten Ansprüche auf Schadensersatz von dem Verfahren betroffen.

Vorbemerkung.

§ 13 führt die **nicht betroffenen Gläubiger** auf, aber nicht erschöpfend, vgl. § 4 Anm. 1 b, § 3 Anm. 2 A Nr. 3. Ihnen stehen — im Gegensatz zu den betroffenen — alle gewöhnlichen Zwangsmittel zu mit Ausnahme des Rechts zur Konkursbeantragung, vgl. § 4 Anm. 1 und 2.

1. Zu Nr. 1: Vgl. § 3 Abs. 2 und dort. Erltrgn. Unter Rechtshandlung ist alles Tun und Unterlassen zu verstehen, an das sich Rechtswirkungen anschließen, z. B. Mängelrüge, Kündigung, Rücktritt, Wandlung, Ablehnung einer Leistung. Inwieweit auch Ansprüche aus unerlaubter Handlung nicht betroffen werden, bedarf sorgfältiger Untersuchung des Einzelfalls. So werden Schadensansprüche, die zurückzuführen sind auf das Halten eines Kraftwagens, den Fortbetrieb eines Fuhrunternehmens, grobfahrlässige Patentverletzung u. dgl. bevorrechtigt sein, wenn nur die Auff Person im allgemeinen dem Halten, dem Fortbetrieb zustimmte; Ansprüche auf Grund grober Mißhandlung, übler Nachrede u. dgl. werden dagegen nicht betroffen.

Bei Nichtzustimmung hat der Gläubiger im Einzelfalle die Beweislast, daß die Rechtshandlung zur Fortführung des Geschäfts „erforderlich" war. Im Interesse der Verkehrssicherheit wird der Beweis genügen müssen, daß das betreffende Rechtsgeschäft nicht erkennbar aus dem Rahmen des gewöhnlichen Fortbetriebs der Geschäfte herausfiel, vgl. auch Wassermann-Erlanger, die Kriegsgesetze privatrechtlichen Inhalts 2 S. 205, 213 f. Ob die mit Zustimmung der Auff.Person erfolgte Hingabe von Akzepten für eine vor der Anordnung des Verfahrens entstandene Buchschuld oder die Hingabe von Prolongationspapieren — deren Zweck sich in der Hinausschiebung der Fälligkeit erschöpft, RG. 77 S. 52 — eine neue Schuld mit Exekutionsprivileg begründen, ist zweifelhaft. Schrifttumzusammenstellung: Kriegsbuch von Güthe und Schlegelberger 1916 Bd. 2 S. 123; vgl. ferner JW. 1915 S. 62 f. Der Auff.Person ist deshalb anzuraten, Zustimmung in der Regel zu versagen.

2. Zu Nr. 2 vgl. §§ 9—11 und Anmerkungen.

3. Zu Nr. 3 vgl. §§ 43 ff. KO.

4. Zu Nr. 4 vgl. §§.47 ff. KO. Auch die in den letzten Tagen vor Anordnung der Gesch.Auff. erworbenen Absonderungs-

rechte werden nicht betroffen. Lediglich bei Gesch.Auff. über Nachlaß und Gesamtgut bei fortges. Gütergemeinschaft gilt besonderes, vgl. § 73 VO. i. Verb. mit § 221 KO.

5. Nr. 5: Lidlöhne; öffentl. Abgaben; Forderungen der Kirchen, Schulen, öffentl. Verbände und Feuerversicherungsanstalten; Kur- und Pflegekosten; Kinder, Mündel und Pflegebefohlene.

Wegen der den bevorrechtigten Konkursforderungen gesetzlich gleichgestellten Ansprüche vgl. z. B. § 28 Abs. 3 der Reichsversicherungsordnung v. 19. Juli 1911, § 227 Abs. 3 des Versicherungsgesetzes für Angestellte v. 20. Dez. 1911, § 75 e Handelsgesetzbuchs; s. auch § 5 Anm. 2.

6. Nr. 6: Massekosten, s. §§ 27, 78.

7. Besonderheiten für Gesch.Auff. über Nachlaß und Gesamtgut bei fortges. Gütergemeinschaft vgl. § 73.

II. Verfahren.

1. Allgemeine Vorschriften.

§ **14.** Auf das Verfahren finden, soweit sich aus dieser Verordnung nichts anderes ergibt, die Vorschriften der Zivilprozeßordnung entsprechende Anwendung.

Das Auff.Verf. rechnet zur **streitigen Gerichtsbarkeit.** Vgl. insbesondere ZPO. §§ 41 ff. (Ausschließung und Ablehnung der Gerichtspersonen); 51 ff. (Prozeßfähigkeit, gesetzliche Vertretung); 78 ff. (Prozeßbevollmächtigte); 159 ff. (Protokollwesen); 355 ff. (Beweisaufnahme, s. § 16 VO.). Sonderbestimmungen s. §§ 15—19.

Daß die Gerichtsferien auf das Auff.Verfahren ohne Einfluß sind, ergibt sich aus der entsprechenden Anwendung des § 204 GVG., da die VO. den wirtschaftlichen Bedürfnissen des Verkehrs in gleichartiger Weise wie die KO. Rechnung tragen will.

§ **15.** Die Entscheidungen können ohne mündliche Verhandlung erfolgen.

1. **Fakultative mündliche Verhandlung** (entspricht den §§ 73 KO. u. 764 Abs. 3 ZPO.), daher Entscheidungen in **Beschlußform.**

2. Die Verhandlungen sind, da nicht vor einem „erkennenden" Gericht, nicht öffentlich (§ 170 GVG.).

§ **16.** Das Gericht kann zur Aufklärung aller das Verfahren betreffenden Verhältnisse die erforderlichen Ermittelungen, insbesondere die Vernehmung von Zeugen und Sachverständigen anordnen. Es kann zur Erörterung der Verhältnisse eine Gläubigerversammlung berufen.

Offizialprinzip (wie § 75 KO.) zum Schutz der Gläubigerschaft. Dem Recht des Gerichts entspricht gegebenenfalls die Pflicht, zumal die Entscheidungen nach § 19 in der Regel unanfechtbar sind. Dies gilt insbesondere für Prüfung der Voraussetzungen des Antrags (§ 21). Haftung des Richters: § 839 Abs. 1 (Abs. 2 findet keine Anwendung, da kein Urteil ergeht). Gegebenenfalls Haftung des Staates gemäß Art. 77 f. Einf.Ges. z. BGB. (in Sachsen nach anerkanntem Gewohnheitsrecht Haftung des Richters und neben ihm des Staats, vgl. Kloß, Sächs. Landesprivatrecht 2. Aufl. 1908 § 53). Dagegen haftet der Staat nie für Pflichtverletzungen der Aufs.-Person, da sie nur ein Privatamt ausübt. „Auch mit einzelnen Gläubigern kann das Gericht unterhandeln, etwa soweit es sich um streitige Forderungen oder die Höhe des Ausfalls (§ 47 Abs. 3) handelt, oder zu dem Zwecke, die Gründe ihrer Stellungnahme zu einem Vergleichsvorschlage des Schuldners genauer kennen zu lernen" (Begr.).

§ **17.** Bei Zustellungen bedarf es keiner Beglaubigung des zuzustellenden Schriftstücks.

Die Zustellungen an Personen, die sich im Ausland befinden, erfolgen durch Aufgabe zur Post; die Postsendungen sind mit der Bezeichnung „Einschreiben" zu versehen. Zustellungen an Gläubiger, deren Aufenthalt unbekannt ist, finden nicht statt.

Die Vorschriften des Abs. 2 finden keine Anwendung, wenn die Person, der zuzustellen ist, einen im Inland wohnhaften, zur Empfangnahme von Zustellungen befugten Vertreter hat, der dem Gerichte bekannt ist.

Die **vereinfachten Zustellungen** haben gemäß § 14 i. Verb. mit § 496 Abs. 1 ZPO. von Amts wegen zu erfolgen. „Selbstverständlich unterbleibt die Zustellung dann, wenn die deutsche Post Einschreibesendungen an den Gläubiger wegen seines Aufenthalts im feindlichen Auslande nicht annimmt. Hat der Ausländer oder der Gläubiger unbekannten Aufenthalts einen inländischen Zustellungsbevollmächtigten, der dem Gericht bekannt ist, so ist dem Bevollmächtigten zuzustellen" (Begr.).

§ **18.** Öffentliche Bekanntmachungen finden nicht statt.

Das Gericht kann den Gläubigern die Einsicht der Gerichtsakten gestatten und ihnen Abschriften daraus erteilen lassen. Die Einsicht in die Berichte der Aufsichtsperson darf keinem Gläubiger verweigert werden.

1. **Keine Öffentlichkeit des Verfahrens** (Ausfluß einer übergroßen Rücksichtnahme auf den Schuldner).

2. Die Einschränkung des Rechts der Akteneinsicht („Ermessen des Gerichts") — entgegen § 299 ZPO. — rechtfertigt sich im Hinblick darauf, daß im Einzelfalle die Besorgnis bestehen kann, der Gläubiger könne die Akteneinsicht mißbrauchen, um Betriebs-, Geschäftsgeheimnisse, Bezugsquellen, Kunden u. dgl. zum Nachteil des sein Geschäft fortführenden Schuldners

ermitteln. Das Gericht hat unter diesem Gesichtspunkt vor Gestattung der Einsicht die Frage des rechtlichen Interesses zu prüfen.

Unbedingtes Recht auf Akteneinsicht besteht nur, soweit es sich um die Berichte der Aufs.Person (§ 28) handelt.

3. Kein Vermerk im Grundbuch oder öffentlichen Registern.

§ 19. Die Entscheidungen des Gerichts sind, soweit nichts anderes bestimmt, unanfechtbar.

Unanfechtbarkeit der Entscheidungen.

Ausnahmen: §§ 27 Abs. 2, 42 Abs. 3, 59, 68. Die Begründung sagt: „Auch in diesen Fällen gilt der § 19 für die Entscheidung des Beschwerdegerichts; weitere Beschwerde findet also nicht statt." Das Gegenteil dürfte sich aus § 14 VO. i. V. m. § 568 Abs. 2 ZPO. ergeben (**weitere Beschwerde** bei neuem selbständigem Beschwerdegrund).

Der Schuldner ist durch Ablehnung seines Antrags nicht gehindert, den Antrag nach Veränderung der Verhältnisse erneut zu stellen.

2. Eröffnung des Verfahrens.

§ 20. Mit dem Antrag auf Anordnung der Geschäftsaufsicht hat der Schuldner ein Verzeichnis der Gläubiger unter Angabe ihrer Adressen, eine Übersicht des Vermögensstandes in Form einer Gegenüberstellung der einzeln aufzuführenden Aktiven und Passiven und, sofern er Kaufmann ist, auch die letzte Bilanz einzureichen.

Das Verzeichnis der Gläubiger soll die sämtlichen Gläubiger des Schuldners enthalten, auch die, welche von dem Verfahren nicht betroffen werden, und die, deren Ansprüche der Schuldner bestreitet. Die Gläubiger, die von dem Verfahren nicht betroffen werden, sollen getrennt von den übrigen Gläubigern aufgeführt werden. Bei Forderungen, für die im Falle des Konkurses abgesonderte Befriedigung beansprucht werden kann, soll die Höhe des mutmaßlichen Ausfalls angegeben werden.

In der Vermögensaufstellung sollen sämtliche Vermögensgegenstände des Schuldners unter Angabe des Wertes aufgeführt werden. Bei Forderungen sollen die Schuldner nach Namen und Wohnort, der Forderungsbetrag und der Schuldgrund angegeben, auch die vorhandenen Beweismittel, insbesondere Wechsel und sonstige Urkunden, sowie Nebenrechte, insbesondere Hypotheken, Pfandrechte und Bürgschaften bezeichnet werden.

Antragsförmlichkeiten.

Der Antrag erfolgt schriftlich oder zu Protokoll des Gerichtsschreibers.

In dem Verzeichnis der nicht betroffenen Gläubiger sind auch etwaige Sicherungsübereignungen anzugeben.

Der gegenwärtige Vermögensstand ist anzugeben; insbesondere sind die Aktiven nach dem gegenwärtigen Realisationswert einzusetzen, die zweifelhaften Außenstände nach dem wahrscheinlichen Werte.

Die einzelnen Bestimmungen sollen verhüten, daß die Gesch.Auff. auf Grund einzureichender Unterlagen eröffnet werde. Sie ermöglichen gleichzeitig, gegebenenfalls das Vermögensverzeichnis als Grundlage für das Vergleichsverfahren zu benutzen (§ 41 Abs. 1 Nr. 3, Abs. 2 Satz 2).

§ 21. Das Gericht entscheidet über den Antrag nach freiem Ermessen.

Vor der Entscheidung soll es, wenn der Schuldner Handel- oder Gewerbetreibender oder Landwirt ist, in geeigneten Fällen die zuständige Handels-, Handwerks- (Gewerbe-) oder Landwirtschaftskammer oder einen Sachverständigen hören.

Antragsprüfung.

1. Eine Glaubhaftmachung der mit dem Antrag eingereichten Unterlagen ist nicht erfordert. Das Gericht hat aber amtswegen mit eigener Verantwortung die Voraussetzungen zu prüfen (§ 16) und gegebenenfalls Glaubhaftmachung zu fordern. Ein vorsichtiger Richter wird davon um so weniger abgehen, als nach den bisherigen Erfahrungen die Bilanzen oft in leichtfertigster Weise zurechtgestutzt werden.

Abs. 2 trifft insbesondere auf die Frage der künftigen Behebbarkeit der Zahlungsunfähigkeit bezw. Überschuldung zu. Gehör der Gläubiger wird sich manchmal empfehlen.

In Fällen besonderer Dringlichkeit sind Ausnahmen gerechtfertigt.

2. Wegen des Beginns der Wirksamkeit der Gesch.Aufs. ist folgendes zu bemerken:

Es empfiehlt sich durchaus, die Stunde der Anordnung in den Beschluß aufzunehmen (auch die Richter des gleichen Amtsgerichts und den Gerichtsvollzieher in Kenntnis zu setzen). Maßgebend für den Beginn ist alsdann die vom Richter angegebene Stunde und zwar gleichviel, ob der Richter den vollzogenen Beschluß unverzüglich an den Gerichtsschreiber herausgibt — wie dies in der Praxis wegen Dringlichkeit und Wichtigkeit in der Regel geschehen wird — oder aus Gründen der Geschäftsbelastung u. dergl. zunächst noch eine Zeit lang bei sich liegen läßt. Denn bei späterer Herausgabe eines mit Angabe der Eröffnungsstunde bezeichneten unterschriebenen Beschlusses würde lediglich dessen Wirksamkeit nach außen später in die Erscheinung treten. Wird die Stunde der Eröffnung nicht angegeben, so ist maßgebend — und gegebenenfalls durch Erörterungen festzustellen — derjenige Zeitpunkt, zu dem der unterschriftlich vollzogene Anordnungsbeschluß vom Richter dem Gerichtsschreiber zur weiteren amtlichen Behandlung übergeben wird. Andernfalls käme man zu unhaltbaren Ergebnissen. Insbesondere ist die Ansicht zu verwerfen, daß die Gesch.Auff. erst mit der Zustellung des Anordnungsbeschlusses an den Schuldner begönne (DJZ. 1916 S. 888). Denn bei mehreren Schuldnern (z. B. Miterben) würde alsdann u. U. die Wirkung des Eröffnungsbeschlusses der notwendigen Einheitlichkeit entbehren. Auch kann die Zustellung an einen Interessentenkreis unmöglich maßgebend sein, da die Gesch.Auff. sowohl dem Interesse der Schuldner wie dem der Gläubiger dienen soll (vgl. § 2 Anm. 1).

3. Aufsichtsperson und Gläubigerbeirat.

§ 22. Wird die Geschäftsaufsicht angeordnet, so bestellt das Gericht einen oder mehrere Aufsichtspersonen und teilt allen Gläubigern die Anordnung der Geschäftsaufsicht und die Aufsichtsperson mit. Ist der Schuldner Handel- oder Gewerbetreibender oder Landwirt, so ist die Anordnung der Geschäftsaufsicht auch der zuständigen Handels-, (Handwerks-) Gewerbe- oder Landwirtschaftskammer mitzuteilen. Die Mitteilungen können ohne besondere Form erfolgen.

Der Schuldner und jeder Gläubiger, der von dem Verfahren betroffen wird, können innerhalb zwei Wochen nach Bestellung der Aufsichtsperson unter Darlegung der Gründe die Bestellung anderer oder weiterer Aufsichtspersonen beantragen.

Über **Auswahl und rechtliche Stellung der Aufsichtsperson** vgl. Anm. 2 zu § 2.

„Werden mehrere Auff.Personen bestellt, so hat das Gericht zu bestimmen, ob sie die Aufsicht gemeinschaftlich führen oder ob jede innerhalb eines bestimmten ihr zugewiesenen Geschäftskreises selbständig ist" (Begr.).

Die Bestellung ist sowohl den betroffenen wie den nicht betroffenen Gläubigern mitzuteilen.

Die Mitteilung an die zum Schutz von Handel, Gewerbe und Landwirtschaft berufenen Vertretungen ist eine erstmalig eingeführte, nachahmenswerte Maßnahme, die allgemein wirtschaftlichen Bedürfnissen Rechnung trägt — zumal das Verfahren im übrigen nicht öffentlich ist — und eine gewisse Kontrolle ermöglicht (§ 66).

§ **23**. Der Aufsichtsperson ist über ihre Ernennung eine urkundliche Bescheinigung zu erteilen. Die Bescheinigung ist bei Beendigung des Amtes dem Gericht zurückzureichen.

Bestallung, wie § 81 Abs. 2 KO.

§ **24**. Die Aufsichtsperson ist für die Erfüllung der ihr obliegenden Pflichten allen Personen verantwortlich, deren Interessen sie kraft ihres Amtes zu berücksichtigen hat.

Verantwortlichkeit der Aufsichtsperson.

1. Persönliche Haftung nach § 276 BGB. für Vorsatz und jede Fahrlässigkeit; für Hilfspersonen, deren sich die Auff.Person bedienen kann (das Amt als persönliches kann aber nicht im ganzen übertragen werden), Haftung nach §§ 276, 831 BGB. Keine Haftung ohne Verschuldung. Der Staat haftet nicht bei Pflichtverletzungen der Auff.Person (Anm. zu § 16).

2. Umfang der Ersatzverbindlichkeiten: §§ 249 ff. BGB., 30 jährige Verjährung.

3. Die Haftung besteht gegenüber dem Schuldner und allen Gläubigern.

§ **25**. Die Aufsichtsperson steht unter der Aufsicht des Gerichts.

Das Gericht kann gegen die Aufsichtsperson Ordnungsstrafen bis zu zweihundert Mark festsetzen und sie aus wichtigen Gründen ihres Amtes entlassen. Vor der Entscheidung ist die Aufsichtsperson zu hören.

Entspricht § 83 KO. Dem **Aufsichtsrecht des Gerichts** entspricht die Pflicht (vgl. Anm. zu § 16, auch wegen der Haftung). Dem Gericht liegt die Beaufsichtigung (nicht Leitung) der gesamten Amtstätigkeit der Auff.Person ob; es hat gegen Pflichtwidrigkeiten durch geeignete Gebote oder Verbote einzuschreiten, kann aber die Auff.Person nicht in Zweckmäßigkeitsfragen durch bindende Weisungen beeinflussen (vgl. Jaeger KO. 5. Aufl. § 83 Anm. 1).

§ **26**. Das Gericht hat die Aufsichtsperson auf ihren Antrag bei der Erfüllung ihrer Aufgaben in angemessener Weise zu unterstützen.

Unterstützung in angemessener Weise: z. B. Anstellung von Ermittlungen, Vernehmung des Schuldners, Einberufung einer Gläubigerversammlung (Begr.).

§ **27**. Die Aufsichtsperson hat gegen den Schuldner Anspruch auf Erstattung angemessener barer Auslagen und auf Vergütung.

Die Festsetzung erfolgt durch das Gericht Gegen den Beschluß findet sofortige Beschwerde statt.

Bei Festsetzung der **Vergütung der Aufsichtsperson** wird vor allem auf den Umfang der entwickelten Tätigkeit, aber auch auf den der Haftung (§ 24) und dementsprechend die Höhe des Schuldnervermögens Rücksicht zu nehmen sein. Nichtbetroffener Anspruch: § 13 Abs. 1 Nr. 6. Zwangsvollstreckung nach § 794 Nr. 3 ZPO.

§ **28**. Die Aufsichtsperson hat darauf Bedacht zu nehmen, daß der Geschäftsbetrieb des Schuldners tunlichst aufrechterhalten und sein Vermögen nicht geschmälert wird. Sie hat die Ursachen der Zahlungsunfähigkeit oder der Überschuldung zu ermitteln, die geschäftlichen Verhältnisse des Schuldners zu prüfen und dem Gericht unverzüglich zu berichten, sobald sie die erforderliche Übersicht erlangt hat.

Das Gericht bestimmt, in welcher Weise und in welchen Zeiträumen die Aufsichtsperson weitere Berichte zu erstatten hat.

Jeder Bericht soll eine Äußerung darüber enthalten, ob die Voraussetzungen für eine Fortdauer der Geschäftsaufsicht noch vorliegen.

Besondere Aufgaben der Aufsichtsperson.

1. Wegen der allgemeinen Pflicht zur dauernden Unterstützung und Überwachung des Schuldners vgl. § 2 Anm. 2.

Der § 28 gibt eine wesentliche Ergänzung dieser Aufgaben: die Auff.Perf. hat darauf Bedacht zu nehmen, daß der Geschäftsbetrieb des Schuldners (also grundsätzlich Eigenbetrieb?) tunlichst aufrecht erhalten und sein Vermögen nicht geschmälert wird. Entsprechende **laufende Berichte** mit besonderer Berücksichtigung der Frage, ob die Voraussetzungen der Gesch.Auff. noch vorliegen. Die Grundlage bildet der e r st e , unverzüglich zu erstattende Bericht: in erster Linie ist über die Ursachen der Zahlungsunfähigkeit oder Überschuldung zu berichten. Da das Gericht bereits von Amts wegen die Voraussetzungen der Gesch.-Auff., mithin auch diese Ursachen zu prüfen hat (§§ 1, 16, 21 und Anmerkungen), bedarf es zu diesen Punkten zunächst nur einer Nachprüfung an der Hand der Bücher und sonstigen Aufzeichnungen (nach Befinden unter Zuziehung eines Sachverständigen). Erforderlichenfalls ist die vom Schuldner eingereichte Vermögensübersicht (Mithilfe des Gerichts: § 26) richtigzustellen und zu ergänzen. Insbesondere sind Einkünfte aus dem ehemännlichen und elterlichen Nutznießungsrecht (§ 2 Anm. 3),

Gehalts-, Tantiemeansprüche und ähnliche vom Schuldner vielfach übersehene Posten mit einzusetzen. Weiter bedarf es einer sofortigen Klarstellung der bisherigen Lebensführung des Schuldners nebst Feststellung derjenigen Bezüge, die dem Schuldner und seiner Familie zur bescheidenen Lebensführung (§ 3 Anm. 2 A b) zugebilligt werden. Die Aufstellung eines allgemeinen Wirtschaftsplanes wird vielfach geboten sein. Sind Grundstücke vorhanden, so ist die Frage der Hypothekenzinsenvollzahlung — in Ausnahme von § 5, vgl. dort. Anm. 3 — genau unter Zugrundelegung der Grundstückstaxen sowie der Grundstücksausgaben und -Einnahmen eingehend zu prüfen zwecks entsprechender Antragstellung bei Gericht. Die Frage, ob dem Schuldner besondere Verpflichtungen zur Sicherung der Gläubiger aufzulegen seien (§ 3 Abs. 3), ob die Bestellung eines Beirats erwünscht (§ 30) und ob in einzelnen Fällen ausnahmsweise eine Prolongation von Wechseln nötig erscheint (§ 18 Anm. 1), ist zu erörtern. — Alle weiteren Berichte werden sich regelmäßig über die gleichen Punkte, ferner über die Vermögensbewegungen, Abschlagszahlungen und etwaige Verstöße des Schuldners gegen Anordnungen der Auff.Pers. oder des Gerichts auszusprechen haben. Die Voraussetzungen für eine Fortdauer der Gesch.Auff. — über deren Vorhandensein stets mit zu berichten ist — entfallen insbesondere, wenn die Passiven durch neue Verbindlichkeiten oder Entnahmen übermäßig anwachsen, wenn die Aussicht auf Behebbarkeit der Z.Unf. oder Übersch. infolge Verschlechterung der allgemeinen wirtschaftlichen Lage, geschäftsuntüchtigen Verhaltens des Schuldners usw. schwindet. Gegebenenfalls Pflicht der Auff.-Pers. bei persönlicher Haftung (§ 26) zur unverzüglichen Anzeige ans Gericht.

Die Auff.Pers. hat ferner ihr Augenmerk darauf zu richten, ob ein Zwangsvergleich mit den Gläubigern Aussicht auf Erfolg hat. Trifft dies zu, so hat sie die Einigungsverhandlungen des Schuldners zu unterstützen, im Zwangsvergleichsverfahren soll sie mit den Gläubigern verhandeln: § 45.

2. Die Auff.Person hat keine allgemeine Auskunftspflicht gegenüber den Gläubigern (jedoch gegenüber Beirat, § 32 Anm. 1), da sie nicht Beauftragter der Gläubiger ist. Eine solche Pflicht wäre bei großer Gläubigeranzahl schlechterdings nicht durchführbar und würde übermäßige Kosten und Bemühungen verursachen. Aber keine Verweigerung von kurz zu beantwortenden Anfragen über die allgemeine Lage, soweit dies dem geschäftlichen Anstand entspricht oder der Gläubiger an der Beantwortung ein ihn berührendes besonderes berechtigtes Interesse hat. Vgl. auch Recht 1915 S. 172.

§ **29**. In Streitfällen über die Verwendung der vorhandenen Mittel und in Streitfällen, die sich aus Anordnungen der Aufsichtsperson zwischen ihr und dem Schuldner ergeben, sowie bei Meinungsverschiedenheiten mehrerer Aufsichtspersonen entscheidet das Gericht.

§ **30**. Das Gericht kann, wenn der Umfang der Geschäfte es erfordert, aus der Zahl der Gläubiger oder ihrer Vertreter einen Gläubigerbeirat bestellen. Es kann die Bestellung zum Mitglied des Beirats widerrufen.

Auf die Mitglieder des Beirats sind die Vorschriften des § 24 entsprechend anzuwenden.

§ **31**. Die Mitglieder des Beirats haben die Aufsichtsperson in ihren Obliegenheiten zu unterstützen und zu beraten. Sie können sich von dem Gange der Geschäfte unterrichten, die Bücher und Schriften der Aufsichtsperson und des Schuldners einsehen und den Bestand der Kasse untersuchen. Der Beirat ist berechtigt, von der Aufsichtsperson Auskunft über die Lage der Sache und die Geschäftsführung zu verlangen.

§ 32. Ein Beschluß des Beirats ist gültig, wenn die Mehrheit der Mitglieder an der Beschlußfassung teilgenommen hat und der Beschluß mit absoluter Mehrheit der abgegebenen Stimmen gefaßt ist.

Zu §§ 30—32 (**Gläubigerbeirat**).

1. Der Gläubigerbeirat ist ein fakultatives, in erster Linie zur Unterstützung und Beratung der Auff.-Person, weiter aber auch zur Überwachung von Auff.Person und Schuldner berufenes, kollegial zusammengesetzes Organ. Zur Erteilung bindender Weisungen an die Auff.Person ist der Beirat nicht befugt. Die Mitglieder sind jederzeit nach freiem Ermessen des Gerichts bestellbar und widerrufbar. Keine Pflicht zur Annahme des Amtes. Ihre Tätigkeit ist rein intern. Zum Schutz der Gesamtgläubigerschaft und der Auff.Person ist den einzelnen Mitgliedern das Recht eingeräumt, sich zu unterrichten, insbesondere die Bücher und Schriften (die gesamte Korrespondenz) der Auff.Person und des Schuldners einzusehen und den Kassenbestand zu untersuchen. Diese Rechte lösen nach Lage der Verhältnisse entsprechende Pflichten aus. Nach §§ 30 Abs. 2, 24 haften die Mitglieder für Vorsatz und Fahrlässigkeit — entsprechend § 89 KO. — den Gläubigern und der Auff.Person persönlich. Eine Auskunft der Auff.Person über die gesamte Sachlage und die Gesamtgeschäftsführung können nicht die einzelnen Mitglieder, sondern nur der Beirat, das Kollegium, verlangen. Andernfalls würde der Auff.Person eine übergroße Last auferlegt werden, zumal sie fortlaufend dem Gericht zu berichten hat (§ 28 Abs. 2). Dagegen können die einzelnen Mitglieder selbstverständlich die mit der Frage ihrer Unterrichtung und mit der Einsichtnahme der Bücher usw. notwendig verbundenen Auskünfte von der Auff.Person und vom Schuldner verlangen, desgleichen solche, deren Beantwortung keine besondere Bemühung verursacht. — Gegebenenfalls ist das Gericht anzurufen (§ 25).

2. Die Geschäftsordnung setzt der Beirat selbst fest. Abstimmung — nach Köpfen, jedes Mitglied nur eine Stimme — kann in geeigneten Fällen auch auf schriftlichem Wege oder mittels Fernsprechers geschehen.

3. Die Mitglieder des Beirats haben keinen Anspruch auf Vergütung oder auf Erstattung angemessener Auslagen (im Gegensatz zur Auss.-Person, § 27).

4. Zwangsvergleich.

§ **33.** Auf Antrag eines Schuldners, der unter Geschäftsaufsicht steht, kann zwischen ihm und seinen Gläubigern ein Zwangsvergleich zur Abwendung des Konkurses geschlossen werden.

An dem Vergleichsverfahren sind nicht beteiligt die Gläubiger, die nach § 13 von dem Verfahren nicht betroffen werden, sowie die Gläubiger, deren Ansprüche zum Gegenstande haben:

1. Geldstrafen;
2. die im § 3 Abs. 2 der Konkursordnung bezeichneten Unterhaltsleistungen, soweit sie für die Zukunft geltend gemacht werden, es sei denn, daß der Schuldner als Erbe des Verpflichteten haftet;
3. Leistungen aus einer Freigebigkeit des Schuldners;
4. die seit der Eröffnung des Vergleichsverfahrens laufenden Zinsen;
5. die Kosten, die durch die Teilnahme an dem Vergleichsverfahren erwachsen.

Vorbemerkung.

a) Die §§ 33—41 behandeln die Voraussetzungen des Zwangsvergleiches, §§ 41—49 den Gang des Vergleichsverfahrens, §§ 60—65 enthalten Bestimmungen über die Wirksamkeit des Vergleichsvertrages.

Zum Vergleich wird nur geschritten, wenn der unter Gesch.-Auff. stehende Schuldner bereits die nach Zahl und Forderungssumme erforderliche Mehrheit der Gläubiger (§§ 37—40) auf seiner Seite hat. Diese Gläubiger brauchen sich noch nicht endgültig auf den Vergleichsvorschlag festgelegt zu haben. Vielmehr können sie schriftlich oder mündlich ihre Zustimmung im Laufe des Verfahrens widerrufen (§ 51 Abs. 2). Voraussetzung ist nur, daß sich die Mehrheit mit der Eröffnung des Vergleichsverfahrens auf der Grundlage eines bestimmten Schuldnervorschlages einverstanden erklärt hat (§ 41 Abs. 1 Nr. 2). Der Gang des Verfahrens ist folgender: Der Schuldner beantragt die Eröffnung unter Vorlegung des Vergleichsvorschlages, der Zustimmungserklärung der nötigen Mehrheit und einer Aufstellung über die derzeitige Vermögenslage (Vermögensverzeichnis, § 41). Das Gericht hört die Auff.Person und den etwa bestellten Gläubigerbeirat und hat, falls den Erfordernissen in § 41 genügt ist und nicht Tatsachen gegen die Vertrauenswürdigkeit des Schuldners vorliegen, das Verfahren zu eröffnen und den Vergleichstermin anzuberaumen (§ 44). Im Termin wird das Stimmrecht der Forderungen festgestellt, über den Vergleichsvorschlag verhandelt und abgestimmt (§§ 46 ff.). Das Gericht kann vom Schuldner die eidliche Erhärtung der Richtigkeit und Vollständigkeit des Vermögensverzeichnisses verlangen (§ 50) und entscheidet schließlich, ob der Vergleich zu bestätigen oder zu verwerfen ist (§§ 53 ff.).

b) Zur Stellung der ausländischen Gläubiger bemerkt die Begründung:

„Ausländische Gläubiger stehen im Vergleichsverfahren den inländischen gleich. Ihre Beteiligung am Verfahren wird durch die Vorschriften der Verordnung über die Geltendmachung von Ansprüchen von Personen, die im Ausland ihren Wohnsitz haben, vom 7. August 1914 (Reichs-Gesetzbl. S. 360) und der dazu ergangenen Nachträge nicht gehindert. Denn die Annahme oder Ablehnung des vom Schuldner ausgehenden Vergleichsvorschlags sowie die Ausübung der sonstigen Gläubigerrechte kann bei dem im Entwurf vorgesehenen Verfahren, in welchem eine Anmeldung von Forderungen durch die Gläubiger — anders als im Konkurse — nicht stattfindet, nicht als gerichtliche Geltendmachung vermögensrechtlicher Ansprüche im Sinne jener Verordnung angesehen werden; eine solche Geltendmachung kommt erst in Betracht, wenn der Zwangsvergleich demnächst vollstreckt werden soll (§ 61). Auch die Gläubiger, die feindlichen Staaten angehören, sind von der Teilnahme am Verfahren nicht ausgeschlossen. Soweit sich bei ihnen im einzelnen Falle Schwierigkeiten daraus ergeben, daß sie mangels einer Erklärung als gegen den Vorschlag stimmend zu zählen sind (§ 37), eröffnet die Verordnung, betreffend Ergänzung der Vorschriften über die zwangsweise Verwaltung ausländischer Unternehmungen, vom 10. Februar 1916 (Reichs-Gesetzbl. S. 89) einen Weg zur Abhilfe. Nach den Vorschriften dieser Verordnung können aus besonderen Gründen Forderungen feindlicher Gläubiger im Wege der Vergeltung mit Zustimmung des Reichskanzlers zwangsweise unter Verwaltung gestellt werden. Geschieht dies, so ist der Verwalter befugt, in Ansehung der Forderung über den Vergleichsvorschlag bindende Erklärungen für den Gläubiger abzugeben."

Gegen diese unterschiedliche Behandlung der Gläubiger im Konkursverfahren und im konkursabwendenden Verfahren sprechen schwerwiegende Bedenken.

c) Außergerichtliche Privatabkommen (Gütevergleiche) des Schuldners mit seinen Gläubigern sind selbstverständlich zulässig. Für sie gilt auch nicht — anders wie beim Zwangsvergleich — das Gebot der sachlichen Gleichbehandlung. Die Gläubiger können aber bei arglistiger Täuschung ihre Zustimmung anfechten; war die Zustimmung nur unter der ausdrücklichen oder stillschweigenden Bedingung der Gleichberechtigung oder der tatsächlichen Erfüllung der Vergleichsverpflichtungen erfolgt, so können sie gegebenenfalls nach § 157 BGB. zurücktreten. Näheres zu dieser Frage vgl. Jaeger KO. 5. Aufl. § 181 Anm. 9; siehe dazu RG. LZ. 1914, 1047; OLG. München SeuffA. 71 Nr. 225; Engelmann SächsArchR. 11 (1916), 263 ff.

§ 33 umgrenzt den **Kreis der Vergleichs-Beteiligten**:

1. Grundsätzlich beteiligt sind alle vom Verfahren betroffenen Gläubiger (§ 4), auch soweit sie erst nach der Eröffnung des Auff.Verf. (z. B. aus eigenmächtigen Rechtsgeschäften des Schuldners) Gläubiger wurden. Hierbei ist es gleichgültig, ob ein Gläubiger unbekannten Aufenthalts ist und ob Zustellung an ihn nicht erfolgen konnte. Nur soweit diese Gläubiger in den vom Schuldner vorgelegten Verzeichnissen nicht aufgeführt sind, bleiben sie von der Wirkung des Vergleichs unberührt, behalten mithin ihre vollen Ansprüche (§ 60 Abs. 1).

2. Nicht beteiligt sind:

a) die in § 13 bezeichneten, vom Verfahren nicht betroffenen Gläubiger. Ihre Ansprüche werden vom Vergleich nicht berührt.

b) diejenigen vom Verfahren betroffenen Gläubiger, die nach §§ 3 Abs. 2, 63 KO. ihre Ansprüche im Konkurs nicht geltend machen können. Es können also im Vergleichsverfahren nicht geltend gemacht werden:

Familienrechtliche Unterhaltsansprüche des Ehegatten, der Verwandten in gerader Linie, des unehelichen Kindes und die Ersatzansprüche der unehelichen Mutter für die Zukunft, d. h. soweit die Ansprüche für die Zeit nach der Eröffnung des Vergleichsverfahrens geltend gemacht werden; ferner Geldstrafen, die seit der Eröffnung des Vergleichsverfahrens laufenden Zinsen, Leistungen aus einer Freigebigkeit des Schuldners und die durch die Teilnahme am Vergleichsverfahren erwachsenen Kosten.

Obwohl diese Gläubiger an sich deshalb auch den Wirkungen des Vergleichs nicht unterfallen würden, bestimmt § 62 aus Billigkeitserwägungen, daß die Ansprüche aus einer Freigebigkeit des Schuldners von den Wirkungen des Vergleichs betroffen werden und daß die vorbezeichneten Kostenansprüche beim Zustandekommen des Vergleiches als erlassen gelten. Hinsichtlich der Zinsansprüche fehlt eine entsprechende Bestimmung; die während des Vergleichsverfahrens erwachsenen werden also — im Gegensatz zu den vorher entstandenen — vom Vergleich nicht berührt!

§ **34.** Der Vergleich muß allen beteiligten Gläubigern gleiche Rechte gewähren. Eine ungleiche Bestimmung der Rechte ist nur mit ausdrücklicher Einwilligung der zurückgesetzten Gläubiger zulässig. Das Gericht kann jedoch eine ungleiche Bestimmung der Rechte zulassen, wenn die Mehrzahl der zurückgesetzten Gläubiger zustimmt und die Gesamtsumme der Forderungen der zustimmenden Gläubiger wenigstens drei Vierteile der Gesamtsumme der Forderungen der zurückgesetzten Gläubiger beträgt.

Jedes andere Abkommen des Schuldners oder anderer Personen mit einzelnen Gläubigern, durch das diese bevorzugt werden sollen, ist nichtig.

1. **Der Grundsatz der sachlichen Gleichbehandlung** wird aus praktischen Erwägungen durchbrochen: eine Vorzugsbefriedigung einzelner Gläubiger (z. B. Vollzahlung einzelner — in der Regel kleinerer — Forderungen, kürzere Stundung, höhere Prozente) wird auch dann ermöglicht, wenn die Einwilligung der sämtlichen zurückgesetzten Gläubiger nicht zu erzielen ist.

Voraussetzung für diese ungleiche Bestimmung der Vergleichsrechte ist aber

a) Zulassung durchs Gericht;

b) es muß sich innerhalb der Gruppe der zurückgesetzten Gläubiger nach Zahl und Forderungssumme dieselbe Mehrheit finden, wie sie zum Vergleichsabschluß erfordert wird. Die Zustimmung kann schriftlich oder mündlich erfolgen.

Das Gericht wird vor Zulassung einer solchen Majorisierung die Frage der Billigkeit und des Interesses der Gesamtgläubigerschaft zu prüfen, auch gemäß § 16 die zurückgesetzten, der Bevorzugung widersprechenden Gläubiger zu hören und nötige Ermittelungen anzustellen haben. Eine Vollbeckung kleiner, im Verhältnis zur Gesamtschuldenlast geringfügiger Posten liegt zumeist im Gesamtinteresse der Gläubigerschaft.

2. Jedes andere, bewußt auf Bevorzugung eines einzelnen Gläubigers getroffene Abkommen ist nichtig, hindert aber nicht das Zustandekommen des Vergleichs. Dieser Nichtigkeit verfallen nach der herrschenden Lehre auch Käufe durch Dritte (insbesondere Angehörige), wenn diese Form gewählt wurde, um die Bevorzugung zu verschleiern, vgl. RG. 30 S. 23.

§ **35.** Der Vergleich kann auf Erlaß oder Stundung oder beides gerichtet sein. Im übrigen darf er nur Bestimmungen enthalten, die der Sicherung seiner Durchführung dienen.

Ist der Schuldner eine eingetragene Genossenschaft, so darf der Vergleich nur auf Stundung, allein oder in Verbindung mit einem Erlasse von Zinsen für die Dauer der Stundung, gerichtet sein.

Beschränkung des Vergleichsinhalts auf Erlaß oder Stundung, allein oder in Verbindung miteinander. Die Begründung des Entwurfes, wonach nur durch Erlaß und Stundung „klare Verhältnisse entstehen sollen, mit denen die Beteiligten sich abfinden müssen und können", ist nicht unklar.

Wegen der Sondervorschrift für eingetragene Genossenschaften vgl. Anm. zu § 72.

§ 36. Die Vorschriften der §§ 64 bis 66, 68 bis 70 der Konkursordnung sind entsprechend anzuwenden.

Die entsprechend anzuwendenden Bestimmungen der KO. lauten:

1. § 64 KO.:

„Ein Gläubiger, welcher abgesonderte Befriedigung beansprucht, kann die Forderung, wenn der Gemeinschuldner auch persönlich für sie haftet, zur Konkursmasse geltend machen, aus derselben aber nur für den Betrag verhältnismäßige Befriedigung verlangen, zu welchem er auf abgesonderte Befriedigung verzichtet, oder mit welchem er bei der letzteren ausgefallen ist."

Die im Falle des Konkurses **absonderungsberechtigten Gläubiger und alle übrigen Ausfallgläubiger** werden nach §§ 13 Abs. 1 Nr. 4, 33 Abs. 2 vom Vergleichsverfahren nicht berührt. Hierzu zählen insbesondere Gläubiger, die ein durch Rechtsgeschäft begründetes Pfandrecht an Grundstücken (Hypotheken, Grund- und Rentenansprüche), eingetragenen Schiffen, beweglichen Sachen oder übertragbaren Rechten (insbesondere Forderungen) haben, ferner die den Faustpfandgläubigern nach § 49 KO. gleichgestellten Gläubiger (Vermieter und Verpächter, Zurückbehaltungsberechtigte usw.), sowie Gläubiger, denen durch Rechtsgeschäft eine nach den Regeln der abgesonderten Befriedigung zu behandelnde Sicherung gewährt ist (z. B. Sicherungsübereignung, fiduziarische Forderungsabtretung, Eigentumsvorbehalt zu Sicherungszwecken; vgl. Jaeger KO. 5. Aufl. § 64 Anm. 6, § 48 Anm. 13). Soweit nun der Schuldner dem absonderungsberechtigten Gläubiger sowohl sachlich wie auch persönlich haftet (also nicht bei reiner Sachhaftung wie dann, wenn der Schuldner einen Gegenstand seines Vermögens für fremde Schuld belastet hat), ist der Gläubiger am Vergleichsverfahren beteiligt. Er bleibt aber in erster Linie auf sein Sonderrecht verwiesen (beneficium excussionis realis). Nur für denjenigen Betrag, zu welchem er auf abgesonderte Befriedigung *verzichtet* (er kann im vollen Umfang verzichten) *oder* mit welchem er dabei ausgefallen ist, kann er Befriedigung nach Maßgabe des Vergleichs verlangen.

Stimmberechtigt ist er bei Eröffnung des Vergleichsverfahrens und im Vergleichstermin mit dem Betrag des mutmaßlichen Ausfalls (§§ 43, 47 Abs. 3).

Die Absonderungsansprüche als solche werden durch den Zwangsvergleich nicht berührt (§ 60 Abs. 2).

2. § 65 KO.:

„Betagte Forderungen gelten als fällig.

Eine betagte unverzinsliche Forderung vermindert sich auf den Betrag, welcher mit Hinzurechnung der gesetzlichen Zinsen desselben für die Zeit von der Eröffnung des Verfahrens bis zur Fälligkeit dem vollen Betrage der Forderung gleichkommt."

Betagte Forderungen sind solche, bei denen nicht die Entstehung, sondern lediglich der Eintritt des Verfalls hinausgeschoben ist, und zwar bis zum Ablauf einer bestimmten Frist, einer Kündigung oder bis zum Eintritt eines künftigen, bestimmt stattfindenden Ereignisses. Sie gelten als fällig, gewähren also jederzeit volles Stimmrecht.

Wegen des Abzugs der gesetzlichen Zwischenzinsen (4%, beim beiderseitigen Handelsgeschäft 5%, bei Wechselschulden 6%), der aber völlige Unverzinslichkeit voraussetzt, vgl. im einzelnen Jaeger KO. 5. Aufl. zu § 65 Anm. 6 und dortige Beispiele nach Methode Hoffmann. Durch die Eröffnung der Gesch.Auff. erlischt ein Kontokorrentvertrag (§ 355 HGB.) nicht (anders im Konkurs), da ja die Geschäftsbeziehungen aufrecht erhalten werden sollen.

3. § 66 KO.:

„Forderungen unter auflösender Bedingung werden wie unbedingte geltend gemacht."

Auflösend bedingte Forderungen sind solche gegenwärtig begründete, deren Wirkung mit dem Eintritt eines künftigen ungewissen Ereignisses endigt (§ 158 Abs. 2 BGB.). Sie berechtigen bis zum etwaigen Eintritt der Bedingung zur unbeschränkten Teilnahme am Verfahren (volles Stimmrecht, Anspruch auf Erteilung eines vollstreckbaren Auszugs nach § 61). Bei Eintritt der Bedingung gegebenenfalls Vollstreckungsgegenklage nach § 767 ZPO., Herausgabepflicht nach § 812 Abs. 1 Satz 2 BGB.

Aufschiebend bedingte Forderungen, d. h. solche, deren Zustandekommen von dem ungewissen Eintritt einer künftigen Tatsache abhängt, werden während der Schwebe der Bedingung zum vollen Betrag geltend gemacht, aber als bedingte. Sie werden bei Entscheidung der Frage, ob die zur Eröffnung des Vergleichsverfahrens erforderlichen Zustimmungserklärungen vorliegen, nicht mitgezählt (§ 43). Im Vergleichstermin gewähren sie volles Stimmrecht, falls von keiner Seite Widerspruch erhoben wird; gegebenenfalls entscheidet das Gericht (§ 47 Abs. 3). Wenn die Bedingung zur Zeit der Vergleichsfälligkeit noch schwebt, gewähren sie — mit Ausnahme der aussichtslosen Anwartschaft — ein Recht auf Hinterlegung der Vergleichsanteile (§ 48 Abs. 2)

4. § 68 KO.:

„Wird über das Vermögen mehrerer oder einer von mehreren Personen, welche neben einander für dieselbe Leistung auf das Ganze haften, das Konkursverfahren eröffnet, so kann der Gläubiger bis zu seiner vollen Befriedigung in jedem Verfahren den Betrag geltend machen, den er zur Zeit der Eröffnung des Verfahrens zu fordern hatte."

Gläubiger mit **Forderungen, für die mehrere Schuldner nebeneinander auf das Ganze haften,** nehmen, wenn einer oder eine Mehrheit oder die Gesamtheit von ihnen unter Gesch.-Aufs. steht, bis zur vollen Befriedigung mit dem ganzen, zur Zeit der Eröffnung des Vergleichsverfahrens vorhandenen Forderungsbetrag am Vergleichsverfahren teil. Sie haben mithin in jedem Verfahrensabschnitt Stimmrecht in Höhe ihres gesamten Forderungsbetrages. Fälle der persönlichen Gesamthaftung: Gesamtschuldner aus gemeinschaftlichem Vertrag, aus unerlaubter Handlung, Miterben usw., vor allem Wechselgesamtschuldner. Dagegen bloße Ausfallhaftung: beim Zusammentreffen von Gesch.Auff. über Privatvermögen und Gesellschaftsvermögen, vgl. § 72 Abs. 2.

5. § 69 KO.:

„Forderungen, welche nicht auf einen Geldbetrag gerichtet sind, oder deren Geldbetrag unbestimmt oder ungewiß oder nicht in Reichswährung festgesetzt ist, sind nach ihrem Schätzungswerte in Reichswährung geltend zu machen."

Beispiele: Ansprüche auf Übereignung einer bestimmten Sache (Grundstück), auf Leistungen in Natur; Leibrentenansprüche. Wegen der nachhaltigen Wirkung der Umwandlung nach Rechtskraft des Vergleichs vgl. § 60 Anm. 5.

6. § 70 KO.:

„Wiederkehrende Hebungen zu einem bestimmten Betrage und von einer bestimmten Zeitdauer werden unter Abrechnung der Zwischenzinsen (§ 65) durch Zusammenzählung der einzelnen Hebungen kapitalisiert. Der Gesamtbetrag darf den zum gesetzlichen Zinssatze kapitalisierten Betrag derselben nicht übersteigen."

§ **37**. Zum Abschluß des Vergleichs ist erforderlich daß

1. die Mehrzahl der beteiligten Gläubiger dem Vergleiche zustimmt,
2. die Gesamtsumme der Forderungen der zustimmenden Gläubiger wenigstens drei Vierteile der Gesamtsumme der Forderungen der beteiligten Gläubiger beträgt.

37—40, 43 Mehrheitserfordernisse.

Die zum Abschluß des Vergleichs erforderliche **doppelte Mehrheit** (Personen- und Summenmehrheit) entspricht § 182

KO. Die Personenmehrheit ist jedoch nach der Zahl der überhaupt vorhandenen beteiligten Gläubiger, nicht nach der Zahl der im Termin anwesenden (§§ 46 ff.) zu berechnen. Deshalb werden solche stimmberechtigte Gläubiger, die sich der Abstimmung enthalten oder deren Aufenthalt unbekannt ist, mitgezählt, und zwar als gegen den Vergleich stimmend (Begr.).

Selbstverständlich können sich die Gläubiger vertretenlassen (§§ 97 ZPO. i. V. mit § 14 VO.). Bei Berechnung der Personenmehrheit zählt ein Vertreter mehrerer Gläubiger mehrfach, ein Gläubiger mit mehreren Forderungen dagegen nur einmal.

Gesamtgläubiger haben nur eine Personenstimme und können nur einheitlich abstimmen; entsprechendes gilt bei rechtsgeschäftlicher Forderungsverpfändung für Haupt- und Pfandgläubiger, bei Pfändungspfandrecht (wenn die Überweisung zur Einziehung erfolgte) und beim Nießbrauch. Wegen des Stimmrechts der Gläubiger mit Absonderungsrechten, der Gläubiger mit betagten, auflösend bedingten und solchen Forderungen, für die Gesamtschuldner haften, vgl. Anm. 1—4 zu § 36.

Vgl. ferner § 51; § 80 (Übergangsvorschrift).

§ **38**. Soll der Vergleich nur auf Stundung bis zur Dauer von längstens einem Jahre nach der Bestätigung allein oder in Verbindung mit einem Erlasse von Zinsen für die Dauer der Stundung gehen, so genügt es, wenn die nach § 37 Nr. 2 erforderliche Gesamtsumme wenigstens die Hälfte der Gesamtsumme der Forderungen der beteiligten Gläubiger beträgt.

Erbittet der Schuldner lediglich eine nicht allzulange Stundung (längste Dauer 1 Jahr), so tritt **Erleichterung der Mehrheitserfordernisse** ein: hier genügt für Zahl und Forderungssumme die einfache Mehrheit.

§ **39.** Bei der Berechnung der Mehrheiten bleiben die Gläubiger, deren Rechte durch den Vergleich nicht beeinträchtigt werden, außer Betracht.

„Gläubiger, deren Ansprüche durch den Vergleich keinen Abbruch erleiden, haben bei der Berechnung der Mehrheiten auszuscheiden, da sie an dem Vergleich kein Interesse haben. Außer Betracht bleiben insbesondere die sogenannten „kleinen Gläubiger", wenn ihnen der Vergleich zulässigerweise (§ 34 Abs. 1 Satz 3) volle Befriedigung gewähren soll, sowie im Falle eines Stundungsvergleichs die — nach § 36 der VO. in Verbindung mit § 65 KO. an sich beteiligten — Gläubiger betagter verzinslicher Ansprüche, wenn die Ansprüche erst nach dem Ablauf der vorgeschlagenen Stundungsfrist fällig werden" (Begr.).

§ **40.** Bei der Berechnung der Mehrheiten bleibt der Ehegatte des Schuldners außer Betracht, wenn er dem Vergleiche zugestimmt hat.

Das gleiche gilt von demjenigen, dem der Ehegatte des Schuldners während der Dauer der Geschäftsaufsicht oder in dem letzten Jahre vorher eine Forderung gegen den Schuldner abgetreten hat, soweit das Stimmrecht auf der abgetretenen Forderung beruht. Diese Vorschrift findet keine Anwendung, wenn der Ehegatte zu der Abtretung durch das Gesetz oder durch einen Vertrag verpflichtet war, der früher als ein Jahr vor der Anordnung der Geschäftsaufsicht geschlossen wurde.

Das Stimmrecht des Ehegatten und dessen Rechtsnachfolgers ist entsprechend § 183 KO. behandelt. Nur der zustimmende Ehegatte wird nicht mitgezählt, er scheidet überhaupt bei Berechnung der Mehrheiten aus. Dagegen wird der gegen den Vergleich stimmende oder sich der Stimme enthaltende Ehegatte mitgezählt. Der Ehegatte muß also ausdrücklich zustimmen, wenn er den Vergleich fördern will.

§ **41.** Mit dem Antrag auf Eröffnung des Vergleichsverfahrens hat der Schuldner vorzulegen:

1. einen bestimmten Vergleichsvorschlag (§§ 34, 35) mit der Angabe, in welcher Weise die Befriedigung der Gläubiger erfolgen sowie ob und in welcher Art ihnen Sicherheit geleistet werden soll,
2. die schriftlichen Erklärungen der zum Abschluß des Vergleichs nach Zahl und Forderungssumme erforderlichen Mehrheit von Gläubigern (§§ 37 bis 40), daß sie der Eröffnung des Vergleichsverfahrens auf der Grundlage des Vorschlags des Schuldners zustimmen,
3. eine den Vorschriften des § 20 entsprechende Aufstellung über die Vermögenslage zur Zeit des Antrags (Vermögensverzeichnis); das Vermögensverzeichnis soll nach Möglichkeit glaubhaft gemacht werden.

Zur Nachholung fehlender Erfordernisse kann das Gericht dem Schuldner vor der Entscheidung über den Antrag eine Frist bewilligen. Es kann zulassen, daß an Stelle eines neuen Vermögensverzeichnisses ein Nachtrag zu der mit dem Antrag auf Anordnung der Geschäftsaufsicht eingereichten Aufstellung vorgelegt wird.

Antrag auf Eröffnung des Vergleichsverfahrens (schriftlich oder zu Protokoll des Gerichtsschreibers, § 14):

1. Die Bestimmung in Nr. 1 entspricht dem § 174 KO.
2. Die nach Nr. 2 beizubringende schriftliche Zustimmungserklärung zu beschaffen ist Sache des Schuldners (Mithilfe und

Fürsprache der Auff.Person). Soll der Vergleich einzelnen Gläubigern eine Vorzugsstellung gewähren (§ 34), so müssen auch die Zustimmungserklärungen der nach § 34 erforderlichen Mehrheit der zurücktretenden Gläubiger beigebracht werden. Vgl. auch Übergangsvorschrift § 80 Abs. 2.

3. Das Vermögensverzeichnis muß den Vorschriften in § 20 entsprechen. Es muß das gesamte gegenwärtige aktive und passive Vermögen umfassen und eine Übersicht des Vermögensstandes in Form einer Gegenüberstellung der einzeln aufzuführenden Aktiven und Passiven sowie ein Verzeichnis der Gläubiger enthalten. Es bildet die Grundlage des gesamten Vergleichsverfahrens. Daher nach Möglichkeit Glaubhaftmachung. Sie kann z. B. durch Bescheinigung der Auff.Pers. oder eines Büchersachverständigen bewirkt werden. Das Gericht kann von der Glaubhaftmachung absehen, wenn sie zu schwierig sein würde (Begr.). Eine Glaubhaftmachung wird aber — wegen des Stimmrechts nach § 43 — in der Regel stets hinsichtlich des mutmaßlichen Ausfalls der absonderungsberechtigten Gläubiger erfordert werden müssen.

4. Bei Nichterfüllung der Voraussetzungen ist der Antrag zurückzuweisen (§ 42 Abs. 2 Nr. 2).

„Oft wird es jedoch am Platze sein, vor der Entscheidung dem Schuldner die Ergänzung innerhalb einer angemessenen Frist anheimzustellen. Auch wird das Gericht sich, wenn das mit dem Antrage auf Anordnung der Gesch.Auff. vorgelegte Verzeichnis den Anforderungen des § 20 entspricht und erheblichere Änderungen im Vermögensbestande nicht eingetreten sind, unter Umständen mit einem Nachtrage zu diesem Verzeichnisse begnügen können" (Begr.).

§ **42**. Vor der Entscheidung über den Antrag soll die Aufsichtsperson und, wenn ein Gläubigerbeirat bestellt ist, auch dieser gehört werden.

Der Antrag ist zurückzuweisen:

1. wenn Tatsachen vorliegen, welche die Vertrauenswürdigkeit des Schuldners in Frage stellen;
2. wenn den Erfordernissen des § 41 nicht genügt ist.

Gegen den Beschluß, durch den der Antrag zurückgewiesen wird, steht dem Schuldner die sofortige Beschwerde zu.

Zurückverweisungsgründe.

Zu Nr. 1:

„Nicht jedes Bedenken gegen die Persönlichkeit des Schuldners genügt, sondern nur ein solches, das geeignet ist, seine Vertrauenswürdigkeit in bezug auf sein Verhalten gegenüber den Gläubigern in Frage zu stellen; es muß der Verdacht bestehen, daß durch unlautere Machenschaften oder Verschleierungen das Interesse der Gläubiger beeinträchtigt wird. Dieser Verdacht muß sich auf bestimmte Tatsachen gründen, zu deren Feststellung das Gericht die erforderlichen Ermittelungen anzuordnen befugt und im Zweifelfalle verpflichtet ist (§ 16)" (Begr.).

Zu Nr. 2: Vgl. § 43.

§ **43.** Bei der Entscheidung der Frage, ob die nach §§ 41 Abs. 1 Nr. 2 zur Eröffnung des Vergleichsverfahrens erforderlichen Zustimmungserklärungen vorliegen, sind die Gläubiger bestrittener Forderungen, soweit nicht das Bestreiten offenbar unbegründet ist, und die Gläubiger aufschiebend bedingter Forderungen nicht mitzuzählen; Gläubiger, die abgesonderte Befriedigung beanspruchen können, sind zu dem Betrage mitzuzählen, zu dem sie nach der Angabe im Vermögensverzeichnis mutmaßlich ausfallen werden.

Besondere Regelung des Stimmrechts bei der Eröffnung des Vergleichsverfahrens.

(Wegen des Stimmrechts im Vergleichstermin vgl. § 47.)

1. In diesem Zeitabschnitt unterliegt eine Erörterung über das Stimmrecht bestrittener Forderungen Schwierigkeiten, obwohl das Gericht nach § 16 die beteiligten Personen (den Gläubiger der bestrittenen Forderung und diejenigen, welche die Forderung bestritten haben, vgl. § 47 Abs. 2 Satz 1) hören kann. Deshalb sind diese bestrittenen Forderungen bei der Frage, ob die erforderlichen Zustimmungserklärungen vorliegen, nicht mitzuzählen, „es sei denn, daß das Bestreiten ohne weiteres haltlos ist“ (Begr.). Sache des Gläubigers dürfte es also sein, diese offenbare Haltlosigkeit dem Gericht gegenüber aufzudecken, wenn nicht der Einwand etwa schon von vornherein rechtlich unbeachtlich ist.

2. Auch bei aufschiebend bedingten Forderungen läßt sich das Stimmrecht nur nach Kenntnis näherer Unterlagen, insbesondere der Aussichten des Eintritts der Bedingung beurteilen. Sie bleiben deshalb einstweilen unberücksichtigt.

3. Absonderungsberechtigte persönliche Gläubiger können nach § 36 (siehe dortige Anm. 1) nur nach Höhe ihres Verzichts oder Ausfalls Befriedigung gemäß dem Vergleich verlangen. Ihr Stimmrecht richtet sich infolgedessen nach dem mutmaßlichen Ausfall. Für das Eröffnungsverfahren hat der Schuldner die Höhe des mutmaßlichen Ausfalls anzugeben (§ 20 Abs. 2 Satz 3, § 41 Abs. 1 Nr. 3) und nach Möglichkeit glaubhaft zu machen. Diese Angabe des Schuldners ist zunächst maßgebend. Im Termin entscheidet im Streitfall das Gericht (§ 47).

4. Gläubiger betagter, auflösend bedingter und solcher Forderungen, für die Gesamtschuldner persönlich haften, haben volles Stimmrecht (§ 36 Anm. 2—4).

5. Im übrigen vgl. Anm. zu § 37.

§ **44.** Gibt das Gericht dem Antrag statt, so bestimmt es einen nicht über einen Monat hinauszusetzenden Vergleichstermin.

Der Beschluß ist dem Schuldner, der Aufsichtsperson und allen Gläubigern, auch den im § 33 Abs. 2 bezeichneten, zuzustellen. Den beteiligten Gläubigern ist mit dem Beschlusse der Vergleichsvorschlag des Schuldners mitzuteilen.

Ansetzung des Vergleichstermins, Bekanntgabe der Eröffnung des Verfahrens.

„Da die Eröffnung des Verfahrens nicht öffentlich bekanntgemacht wird, so muß sie nicht bloß dem Schuldner und der Aufsichtsperson, sondern auch den Gläubigern, gleichgültig, ob ihre Ansprüche anerkannt oder bestritten sind, durch Zustellung eröffnet werden. Auch den nicht beteiligten Gläubigern ist (Abs. 2 Satz 2) der Eröffnungsbeschluß zuzustellen, da ihre Interessen mittelbar durch das Vergleichsverfahren berührt werden (zu vgl. § 48 Abs. 2 Satz 3). Gläubigern, die erst später bekannt werden, ist der Beschluß so bald als möglich zuzustellen. Zu diesen Gläubigern gehören auch die, deren Ansprüche erst nach der Eröffnung des Verfahrens entstehen.

Den beteiligten Gläubigern ist auch der Vergleichsvorschlag mitzuteilen. Die Einsicht des Antrags und seiner Anlagen wird ihnen nach § 18 regelmäßig zu gestatten sein" (Begr.).

§ **45.** Die Aufsichtsperson soll vor dem Vergleichstermine, soweit es erforderlich erscheint, mit den Gläubigern verhandeln, insbesondere mit den beteiligten Gläubigern, die der Eröffnung des Vergleichsverfahrens noch nicht zugestimmt haben oder deren Forderungen bestritten sind.

Besondere Aufgaben der Aufsichtsperson im Vergleichsverfahren.

„Auch während des Vergleichsverfahrens untersteht der Schuldner der Überwachung der Auff.Person. Diese hat daher, wie sich aus § 28 ergibt, die Angaben und alle für den Vergleich in Betracht kommenden Verhältnisse zu prüfen. Die Unterlage bilden die Geschäftsbücher und Geschäftspapiere des Schuldners oder, falls er Bücher nicht geführt hat, die sonst von ihm vorgelegten Urkunden und Nachweise. Die Prüfung wird sich auch auf die Richtigkeit und Vollständigkeit der Vermögensaufstellung und des Gläubigerverzeichnisses, insbesondere darauf zu erstrecken haben, ob und inwieweit bestrittene Forderungen begründet erscheinen. Auch wird zu untersuchen sein, ob anfechtbare Geschäfte vorgekommen sind. Gelingt es nicht, diese im Wege gütlicher Einigung zu beseitigen, so kann dies Anlaß geben, den Vergleich nicht zu bestätigen, weil er dem gemeinsamen Interesse der Gläubiger widerspricht, die sich möglicherweise im Konkurs infolge der Anfechtungsmöglichkeit besser stehen würden. Gegebenenfalls wird das Gericht die Auff.Perf. bei der Prüfung auf Antrag durch geeignete Maßnahmen, z. B. Ernennung von Sachverständigen zur Bücherprüfung, Verhandlungen mit einzelnen Gläubigern zu unterstützen haben (§ 26).

Außerdem soll die Auff.Perf., wie §.45 besonders bestimmt, soweit es erforderlich erscheint, mit den Gläubigern verhandeln. Dabei werden namentlich die Gläubiger in Betracht kommen, die eine zustimmende Erklärung noch nicht abgegeben haben. Auch die Gläubiger bestrittener Ansprüche und die etwaigen Ausfallsgläubiger — diese im Hinblick auf die Ermittelung der mutmaßlichen Höhe ihres Ausfalls — sind von der Auff.Perf. heranzuziehen. Die nicht beteiligten Gläubiger werden ebenfalls — insbesondere wegen der Frage der Ausführbarkeit des Vergleichs (vgl. § 48 Abf. 2 Satz 3) — unter Umständen nicht übergangen werden dürfen.

Wie die Auff.Perf. die Verhandlungen mit den Gläubigern führen will, ist ihre Sache. Es kann z. B. genügen, wenn sie ein Rundschreiben erläßt. Aber auch mündliche Erörterungen mögen am Platze sein" (Begr.).

§ **46.** In dem Vergleichstermine wird das Stimmrecht der Forderungen, soweit es bestritten wird, festgestellt und über den Vergleichsvorschlag verhandelt und abgestimmt.

§ **47**. Die Forderungen der beteiligten Gläubiger werden an der Hand des Verzeichnisses erörtert, der Schuldner hat sich darüber zu erklären.

Soweit gegen eine Forderung weder von dem Schuldner noch von einem beteiligten Gläubiger noch von einer Aufsichtsperson Widerspruch erhoben wird, gilt sie als stimmberechtigt. Soweit widersprochen wird, ist zu erörtern, ob und zu welchem Betrag ein Stimmrecht gewährt wird. In Ermangelung einer Einigung nimmt der Gläubiger, dessen Stimmrecht streitig ist, zunächst an der Abstimmung teil. Stellt sich heraus, daß es für das Ergebnis der Abstimmung auf die bestrittene Stimme ankommt, so entscheidet das Gericht; die Wirkung der Entscheidung beschränkt sich auf die Frage des Stimmrechts.

In gleicher Weise entscheidet das Gericht, ob und zu welchem Betrage Forderungen, für die abgesonderte Befriedigung beansprucht wird, in Ansehung des mutmaßlichen Ausfalls, sowie Forderungen unter aufschiebender Bedingung zum Stimmen berechtigen.

Der Gerichtsschreiber hat nach der Erörterung einer jeden Forderung das Ergebnis in das Verzeichnis der Gläubiger einzutragen. Soweit gegen eine Forderung weder von dem Schuldner noch von einem beteiligten Gläubiger noch von einer Aufsichtsperson Widerspruch erhoben wird, ist zu vermerken, daß die Forderung anerkannt ist.

46—47. Stimmrecht im Vergleichstermin; Anerkennung zum Verzeichnis.

Einzelheiten wegen des Stimmrechts und dessen Geltendmachung vgl. § 37 Anm. und § 51.

§ **48**. Soweit das Vermögen des Schuldners nicht zu der den Gläubigern angebotenen Befriedigung oder Sicherung ausreicht, hat der Schuldner glaubhaft zu machen, daß die Erfüllung des vorgeschlagenen Vergleichs hinreichend gesichert ist.

Auch der Anteil für aufschiebend bedingte Forderungen ist sicherzustellen, es sei denn, daß die Möglichkeit des Eintritts der Bedingung so entfernt ist, daß die Forderung einen gegenwärtigen Vermögenswert nicht hat. Ob der Anteil für bestrittene Forderungen sicherzustellen ist, bestimmt das Gericht. Bei der Prüfung der Frage, ob das Vermögen ausreicht, sind die Ansprüche der nicht beteiligten Gläubiger mit Ausnahme der im § 33 Abs. 2 Nr. 5 bezeichneten mit zu berücksichtigen.

§ 48: **Sicherung der Gläubiger.**

§ **49**. Die Aufsichtsperson hat in dem Termin über die Sachlage zu berichten und sich darüber zu äußern, ob sie den Vergleich und die für die Erfüllung angebotenen Sicherheiten für angemessen erachtet.

§ 49: **Bericht der Aufsichtsperson im Vergleichstermin**

§ **50**. Das Gericht kann von dem Schuldner die Leistung eines Eides dahin verlangen,

daß er nach bestem Wissen sein Vermögen und seine Gläubiger so vollständig angegeben habe, als er dazu imstande sei.

Soweit erforderlich, hat der Schuldner die Vermögensaufstellung und das Gläubigerverzeichnis zu ergänzen. Die Vorschriften der §§ 899 bis 915 der Zivilprozeßordnung finden auf den Eid keine Anwendung.

Von der Abnahme des Eides ist abzusehen, wenn anzunehmen ist, daß es auch im Falle der Eidesleistung zur Einstellung des Vergleichsverfahrens oder zur Verwerfung des Vergleichs kommen wird.

§ 50: **Vergleichseid.**

§ **51.** Die Zustimmung zu dem Vergleichsvorschlage kann auch durch schriftliche Erklärung gegenüber dem Gericht erfolgen. Die schriftliche Erklärung eines Gläubigers, daß er der Eröffnung des Vergleichsverfahrens auf der Grundlage des Vergleichsvorschlags zustimmt, gilt als Zustimmung zu dem Vergleichsvorschlage, wenn der Gläubiger in dem Termine nicht erschienen ist und die Erklärung bis zu dem Termine nicht widerrufen hat.

§ 51: **Mündliche oder schriftliche Zustimmung.**

Übergangsvorschrift: § 80.

§ **52.** Hält das Gericht oder die Mehrheit der erschienenen stimmberechtigten Gläubiger eine Vertagung zum Zwecke weiterer Verhandlungen oder Ermittlungen oder behufs Stellungnahme zu einer Änderung des Vergleichsvorschlags für erforderlich, so ist ein neuer, nicht über einen Monat hinausgehender Termin zur Fortsetzung der Verhandlung anzuberaumen.

Im übrigen ist eine Vertagung nur zulässig, wenn sie aus besonderen Gründen geboten erscheint.

Zu §§ 46—52 lautet die Begründung:

„Die §§ 46—52 regeln das **Verfahren im Vergleichstermin.** In ihm wird das Stimmrecht der Forderungen, soweit es bestritten wird, festgestellt und über den Vergleichsvorschlag verhandelt und abgestimmt. Das persönliche Erscheinen des Schuldners oder seines gesetzlichen Vertreters wird als Regel vorausgesetzt, weil der Schuldner im Termin über seine Vermögenslage Auskunft erteilen und auf Verlangen des Gerichts seine Angaben beschwören muß. Regelmäßig stellt daher das Nichterscheinen des Schuldners eine Verletzung der ihm im Verfahren obliegenden Pflichten dar, die gemäß § 57 zur Einstellung des Vergleichsverfahrens führen kann. Ist ausnahmsweise das persönliche Erscheinen des Schuldners, z. B. wegen Krankheit, nicht möglich, so wird dies eine Vertagung auf Grund des § 52 rechtfertigen. Verspricht diese keinen Erfolg, so bleibt die Möglichkeit offen, daß die in den §§ 47, 48 erforderten Erklärungen und Nachweise des Schuldners durch einen Bevollmächtigten abgegeben werden; der im § 50 vorgesehene Eid muß dann in einem besonderen Termine geleistet werden (zu vgl. § 14 i. V. mit §§ 219, 479 Abs. 1 ZPO.).

Zum Zwecke der Feststellung des Stimmrechts werden die Forderungen der beteiligten Gläubiger an der Hand des Gläubigerverzeichnisses erörtert. Das Ergebnis der Erörterung wird von dem Gerichtsschreiber in das Verzeichnis eingetragen. Soweit gegen eine Forderung weder von dem Schuldner noch von einem beteiligten Gläubiger noch von einer Auff.Perf. Widerspruch erhoben wird, gilt sie als stimmberechtigt. Soweit widersprochen wird, ist über die Frage des Stimmrechts zu verhandeln. Dabei ist auf das Zustandekommen einer Einigung hinzuwirken. Im Streitfall nimmt der Gläubiger des bestrittenen Anspruchs zunächst an der Abstimmung teil. Das Gericht entscheidet nur, wenn sich herausstellt, daß das Ergebnis der Abstimmung verschieden sein würde, je nachdem die bestrittene Stimme mitgezählt wird oder nicht. Die Wirkung der — nach § 19 unanfechtbaren — Entscheidung beschränkt sich auf die Frage des Stimmrechts; die Frage des materiellen Bestandes der Forderung bleibt unberührt. Gleiche Grundsätze gelten für die Feststellung des Stimmrechts der

Ausfallgläubiger und der Gläubiger aufschiebend bedingter Ansprüche.

Forderungen, gegen die von keiner Seite Widerspruch erhoben wird, gelten auch in ihrem rechtlichen Bestande nach Grund und Betrag als vom Schuldner anerkannt. In dem Vermögensverzeichnis ist dies besonders zu vermerken, da wegen dieser Forderungen demnächst aus dem rechtskräftig bestätigten Vergleich in Verbindung mit einem Auszug aus dem Gläubigerverzeichnis die Zwangsvollstreckung stattfindet (§ 61).

Bei den Verhandlungen über den Vergleichsvorschlag hat der Schuldner seine Vermögenslage und den Vergleichsvorschlag darzulegen. Da ein Vergleich, dessen Ausführung nicht gesichert ist, dem gemeinsamen Interesse der Gläubiger widerspricht, ist eine Erörterung der Durchführbarkeit des Vergleichsvorschlags von besonderer Wichtigkeit. Ergibt sich aus dem Vermögensverzeichnis des Schuldners oder den Feststellungen der Auff.Verf., daß der Schuldner das, was er in Aussicht stellt, aus eigenem Vermögen nicht leisten kann, so hat der Schuldner glaubhaft zu machen, daß ihm Hilfe von anderer Seite kommt (§ 48 Abs. 1). Die Glaubhaftmachung (zu vgl. § 294 ZPO.) wird oft in der Weise erfolgen, daß der Vergleichsbürge in dem Termine selbst die erforderlichen Erklärungen abgibt und über seine Zahlungsfähigkeit Aufschluß gibt. Bei der Prüfung der Frage, ob das Vermögen des Schuldners ausreicht, sind auch die Ansprüche der am Vergleichsverfahren nicht beteiligten Gläubiger zu berücksichtigen; für sie muß — mit Ausnahme der im § 33 Abs. 2 Nr. 5 bezeichneten Ansprüche auf Kosten — im Vermögen des Schuldners volle Deckung verbleiben. Auch die Quoten für aufschiebend bedingte Forderungen sollen im allgemeinen sichergestellt werden, es sei denn, daß die Forderung wegen zu entfernter Aussicht des Eintritts der Bedingung einen gegenwärtigen Vermögenswert nicht hat. Ob der Anteil für bestrittene Forderungen sicherzustellen ist, soll das Gericht nach billigem Ermessen bestimmen (§ 48 Abs. 2).

Vor der Abstimmung hat die Auff. Perf. über die für den Vergleich wesentlichen Umstände Bericht zu erstatten und sich über den Vergleichsvorschlag und seine Ausführbarkeit gutachtlich zu äußern (§ 49). Auf Verlangen des Gerichts hat der Schuldner sodann im Termine die Richtigkeit und Vollständigkeit des Vermögensverzeichnisses zu beschwören (§ 50). Der Würdigung des einzelnen Falles bleibt es überlassen, ob die Eidesleistung zu verlangen ist. Die Feststellungen der Auff.Perf. und die im Vergleichstermine gepflogenen Verhandlungen werden für die Beurteilung dieser Frage regelmäßig die geeigneten Unterlagen gewähren. Der Eid hat sich nicht nur auf das Aktivvermögen des Schuldners, sondern auch auf seine Schulden zu erstrecken. Er bezieht sich auf die Vermögenslage zur Zeit der Eidesleistung. Die ursprünglichen Verzeichnisse hat der Schuldner deshalb entsprechend etwa eingetretene Veränderungen zu ergänzen. Der Eid ist kein Offenbarungseid im Sinne der §§ 899—915 der Zivilprozeßordnung. Insbesondere kann er nicht erzwungen werden. Wird er nicht geleistet so wird das Vergleichsverfahren eingestellt (§ 57 Abs. 2). Eine Aufnahme des Schuldners in das Verzeichnis des § 915 ZPO. findet nicht statt. Um unnötige Eide zu verhindern, ist besonders bestimmt, daß von der Abnahme des Eides abzusehen ist, wenn es voraussichtlich doch zur Einstellung des Vergleichsverfahrens oder zur Verwerfung des Vergleichs kommen wird.

Die Abstimmung selbst erfolgt im allgemeinen mündlich. Im Interesse der Vereinfachung ist jedoch vorgesehen, daß ein Gläubiger seine Zustimmung zu dem Vergleichsvorschlag auch schriftlich gegenüber dem Gericht erklären kann (§ 51 Abs. 1); die Erklärung kann in jeder Lage des Verfahrens bis zur Abstimmung erfolgen. Ein Gläubiger, der sich schriftlich mit der Eröffnung des Vergleichsverfahrens auf der Grundlage des Vergleichsvorschlags einverstanden erklärt hat (§ 41 Abs. 1 Nr. 2), ist dadurch nicht gehindert, in dem Vergleichstermine gegen den Vergleich zu stimmen; er ist auch befugt, seine vorläufige Zustimmung bei dem Gericht schriftlich zu widerrufen. Unterläßt er beides, so entspricht es der Sachlage, seine vorläufige Erklärung nunmehr als endgültige Zustimmung zu dem Vergleichsvorschlage zu behandeln (§ 51 Abs. 2).

Eine Vertagung des Termins soll nur ausnahmsweise stattfinden (§ 52). Sie erfolgt, wenn sie von dem Gericht oder der Mehrheit der erschienenen stimmberechtigten Gläubiger zum Zwecke weiterer Verhandlungen oder Ermittlungen für erforderlich gehalten wird. Das gleiche gilt, wenn der Schuldner den Vergleichsvorschlag ändert und das Gericht oder die Mehrheit der Gläubiger die Verlegung für erforderlich erachtet, um zu der Änderung Stellung zu nehmen."

Das Gericht kann das persönliche Erscheinen des Schuldners zum Vergleichstermin anordnen (§ 16). Bei einer Mehrheit von Schuldnern (z. B. Miterben) kann einer von ihnen die anderen vertreten.

§ **53.** Der angenommene Zwangsvergleich bedarf der Bestätigung des Gerichts.

Das Gericht entscheidet, nachdem es die Gläubiger, den Schuldner, die Aufsichtsperson und den Gläubigerbeirat in dem Vergleichstermin oder einem zu verkündenden Termine gehört hat.

§ **54.** Der Vergleich ist zu verwerfen:

1. wenn die für das Verfahren und den Abschluß des Vergleichs gegebenen Vorschriften in einem wesentlichen Punkte nicht beobachtet sind und das Fehlende nicht ergänzt werden kann;
2. wenn der Schuldner in dem Verfahren in erheblichem Maße seine Pflichten verletzt oder den Interessen der Gläubiger zuwidergehandelt hat;
3. wenn die Vermögenslage des Schuldners so verworren ist, daß sie ein Urteil über den Ver-

gleich ohne zeitraubende Ermittlungen nicht ermöglicht;

4. wenn der Vergleich durch Begünstigung eines Gläubigers oder sonst in unlauterer Weise zustande gebracht ist;

5. wenn der Vergleich dem gemeinsamen Interesse der beteiligten Gläubiger widerspricht.

§ **55.** Der Vergleich ist zu verwerfen, wenn er den Gläubigern nicht mindestens den fünften Teil ihrer Forderungen gewährt und dieses Ergebnis auf ein unredliches Verhalten des Schuldners zurückzuführen ist. Der Vergleich kann verworfen werden, wenn das gleiche Ergebnis auf ein leichtsinniges Verhalten des Schuldners zurückzuführen ist.

Zu §§ 53—55:

„Die §§ 53—55 behandeln das Bestätigungsverfahren, insbesondere die Gründe, die zu einer Verwerfung des Vergleichs führen.

Die Vorschrift im § 54 Nr. 1 entspricht dem § 186 Nr. 1 KO., beschränkt den Verwerfungsgrund jedoch auf die Verletzung wesentlicher Verfahrensvorschriften. Als Verwerfungsgrund ist ferner der Umstand vorgesehen, daß der Schuldner in dem Verfahren seine durch die Verordnung begründeten Pflichten erheblich verletzt oder sonstwie, z. B. durch Beiseitebringen von Waren, den Interessen der Gläubiger erheblich zuwiderhandelt (Nr. 2). Die Verwerfung erfolgt auch dann, wenn die Vermögenslage des Schuldners so undurchsichtig ist, daß sie ein Urteil über den Vergleich ohne zeitraubende Ermittlungen nicht ermöglicht (Nr. 3). Dies wird namentlich der Fall sein, wenn der Schuldner ordnungsmäßige Geschäftsbücher nicht geführt hat und die vorhandenen Urkunden und Nachweise in Verbindung mit den im Verfahren getroffenen Feststellungen ein klares Bild nicht gewähren oder wenn hinsichtlich der Höhe des mutmaßlichen Ausfalls absonderungsberechtigter Gläubiger in erheblichem Umfang Streit besteht, ohne daß sich dieser alsbald entscheiden läßt. Die Verwerfungsgründe in Nr. 4 und 5 sind die gleichen wie im § 188 KO. Doch ist davon abgesehen worden, die Verwerfung von dem Antrag eines Gläubigers abhängig zu machen. Im Konkursverfahren liegen die Verhältnisse dadurch, daß dem Schuldner die Verfügung über die Masse nicht mehr zusteht und daß ein Konkursverwalter vorhanden ist, offener und übersichtlicher. Anders steht es bei dem Vergleichsverfahren. Hier muß das Gericht in der Lage sein, bei obwaltenden Bedenken auch von Amts wegen zu prüfen, ob der Vergleich in unlauterer Weise zustande gebracht ist oder dem gemeinsamen Interesse der Gläubiger widerspricht. Dem gemeinsamen Interesse der Gläubiger widerspricht ein Vergleich z. B., wenn seine Ausführung nicht gesichert ist, oder wenn der Konkurs, etwa beim Vorliegen anfechtbarer Rechtshandlungen des Schuldners, den Gläubigern größere Vorteile bieten würde.

Der § 55 stimmt mit § 187 KO. überein" (Begr.).

§ **56**. Nimmt der Schuldner den Vergleichsvorschlag zurück, so hat das Gericht das Vergleichsverfahren einzustellen. Die Zurücknahme ist nur bis zur Annahme des Vergleichs zulässig.

Dem Schuldner steht bis zur Annahme **jederzeit die Rücknahme des Vergleichsvorschlags** offen. Bei Abänderung des ursprünglichen Vorschlags kann Vertagung nach § 52 eintreten.

§ **57**. Das Gericht kann bis zur Annahme des Vergleichs das Vergleichsverfahren einstellen, wenn ihm der Verdacht begründet erscheint, daß der Schuldner in erheblichem Maße seine Pflichten verletzt oder den Interessen der Gläubiger zuwiderhandelt, oder wenn mit Bestimmtheit anzunehmen ist, daß es zu einem Vergleichsabschluß nicht kommen wird.

Das Vergleichsverfahren ist einzustellen, wenn die zur Annahme des Vergleichs erforderlichen Mehrheiten ihm in dem Vergleichstermine nicht zugestimmt haben oder der Schuldner die Leistung des ihm nach § 50 auferlegten Eides verweigert hat.

Einstellung des Verfahrens:

a) bei Vorliegen eines Verwerfungsgrundes nach § 54 Nr. 2;

b) bei Aussichtslosigkeit;

c) bei Nichtzustimmung der erforderlichen Gläubigermehrheiten;

d) bei Verweigerung des Vergleichseides.

§ **58.** In dem Beschlusse, durch den der Vergleich verworfen oder das Vergleichsverfahren eingestellt wird, hat das Gericht von Amts wegen zugleich über die Aufhebung oder Fortdauer der Geschäftsaufsicht zu beschließen.

Die zur Verwerfung des Vergleichs oder zur Einstellung führenden Gründe geben vielfach auch Anlaß zur Aufhebung der Gesch.Auff. (vgl. §§ 54 Nr. 2, 57 Abs. 1, 66 Abs. 2 Nr. 1); anderseits kann Aussicht bestehen, daß bei Fortdauer der Gesch.-Auff. die Zahlungsunfähigkeit behoben, daß auf Grund eines anderen Vergleichsvorschlags Einigung erzielt werde und dergl. Deshalb hat das Gericht amtswegen die Frage der Fortdauer oder Aufhebung der Gesch.Auff. zu prüfen und darüber im Beschluß über Verwerfung oder Einstellung mit zu entscheiden.

§ **59.** Der Beschluß, durch den der Vergleich bestätigt oder verworfen wird, ist zu verkünden; der Beschluß, durch den das Vergleichsverfahren eingestellt wird, ist dem Schuldner, der Aufsichtsperson und allen Gläubigern zuzustellen.

Gegen den Beschluß, durch den der Vergleich bestätigt oder verworfen wird, steht dem Schuldner und jedem beteiligten Gläubiger, der stimmberechtigt war oder seine Forderung glaubhaft macht, die sofortige Beschwerde zu; die Beschwerdefrist beginnt mit der Verkündung des Beschlusses. Gegen den Beschluß, durch den das Vergleichsverfahren eingestellt wird, steht dem Schuldner die sofortige Beschwerde zu.

Die Beschlüsse werden erst mit der Rechtskraft wirksam.

Diese Bestimmungen über **Verkündung und Zustellung des Bestätigungs- oder Verwerfungsbeschlusses** und die **sofortige Beschwerde** entsprechen den §§ 185, 189 KO. Mit der Rechtskraft des Bestätigungsbeschlusses endigt die Gesch.Aufs. (§ 60).

§ **60**. Der rechtskräftig bestätigte Vergleich ist wirksam für und gegen alle beteiligten Gläubiger, auch wenn sie in dem Verfahren Erklärungen nicht abgegeben oder gegen den Vergleich gestimmt haben. Unberührt bleiben die Ansprüche der Gläubiger, die in den von dem Schuldner vorgelegten Verzeichnissen nicht aufgeführt sind.

Die Rechte der Gläubiger gegen Mitschuldner und Bürgen des Schuldners sowie die Rechte aus einem für die Forderung bestehenden Pfandrecht, aus einer für sie bestehenden Hypothek, Grundschuld oder Rentenschuld oder aus einer zu ihrer Sicherung eingetragenen Vormerkung werden durch den Vergleich nicht berührt.

Wirkung des Vergleiches.

1. Der rechtskräftig bestätigte Vergleich **wirkt** für und gegen alle vom Schuldner benannten nach § 33 als beteiligt geltenden Gläubiger (siehe Anm. 1 zu § 33), gleichviel ob sie sich tatsächlich am Verfahren beteiligt haben oder nicht (z. B. weil sie ihren Anspruch noch nicht kannten). Hier zeigt sich wiederum, daß das Vermögensverzeichnis die

Grundlage des Vergleichsverfahrens bildet! Auch Gläubiger bestrittener Forderungen sind an den Vergleich gebunden, desgleichen Absonderungsberechtigte hinsichtlich ihres Verzichtsbetrags oder des durch Verwirklichung des Absonderungsrechts festzustellenden tatsächlichen Ausfallbetrages.

2. Dagegen werden Gläubiger, die in den von dem Schuldner vorgelegten Verzeichnissen nicht aufgeführt sind, vom Vergleich nicht betroffen, sie behalten ihre vollen Ansprüche.

3. Obwohl die Gläubiger aus einer Freigebigkeit des Schuldners am Vergleichsverfahren nicht beteiligt sind, wirken Erlaß und Stundung auch gegen sie. Die Einzelkosten aus der Beteiligung am Vergleichsverfahren gelten als erlassen. Zinsansprüche bleiben unberührt! (§ 62, vgl. § 33 Anm. 2).

4. Unberührt bleiben die Absonderungsansprüche als solche sowie die Haftung Dritter (Mitschuldner, Bürgen). Der Teilerlaß einer Forderung durch den Zwangsvergleich läßt eine erfüllbare aber unerzwingbare Verbindlichkeit zurück (RG. 78 S. 77).

5. Die auf Grund von § 36 VO. i. V. mit §§ 65, 69, 70 KO. eingetretenen Änderungen erlangen mit der Rechtskraft des Zwangsvergleichs dauernde Wirksamkeit, ein Zurückgreifen des Gläubigers auf den ursprünglichen Forderungsinhalt (z. B. auf Übertragung eines Grundstücks) ist ausgeschlossen. Vgl. Jaeger KO. 5. Aufl. § 164 Anm. 10 mit Verweisen.

§ **61**. Aus dem rechtskräftig bestätigten Zwangsvergleich in Verbindung mit einem Auszug aus dem Gläubigerverzeichnis oder seinen Nachträgen findet wegen der darin als anerkannt vermerkten Forderungen beteiligter Gläubiger gegen den Schuldner und die Personen, die in dem Vergleiche für dessen Erfüllung neben dem Schuldner ohne Vorbehalt der Einrede der Vorausklage Verpflichtungen übernommen haben, die Zwangsvollstreckung unter entsprechender Anwendung der §§ 724 bis 793 der Zivilprozeßordnung und des § 164 Abs. 3 der Konkursordnung statt.

Vollstreckbarkeit der Vergleichsansprüche.

Entspricht im wesentlichen dem § 194 KO.

1. Anstelle des Tabellenauszugs tritt der Auszug aus dem vom Schuldner eingereichten Gläubigerverzeichnisse und dessen Nachträgen (d. h. Berichtigungen und Ergänzungen des ursprünglichen Inhalts, z. B. infolge Zurücknahme eines Bestreitens). Der Anerkennungsvermerk im Gläubigerverzeichnis — er hat nach § 47 Abs. 4 zu erfolgen, wenn die Forderung nicht ausdrücklich bestritten wurde — bildet den Vollstreckungstitel.

2. Alle Gläubiger, deren Forderungen nicht als anerkannt vermerkt wurden, müssen sich erst einen Titel gegen den Schuldner verschaffen (besonders durch Klage), soweit sie ihn nicht schon haben. Diejenigen Vergleichsgläubiger, deren Forderung trotz vorhandenen Schuldtitels nicht anerkannt wurde, vollstrecken auf Grund dieses Schuldtitels und überlassen es dem Schuldner, der die nachträgliche Veränderung des Anspruchs behauptet, dies im Wege der Vollstreckungsgegenklage geltend zu machen. Dabei bleibt zu beachten, daß Gläubiger, gegen die der Vergleich wirkt (§ 60), z. B. Gläubiger bestrittener Forderungen, nur Anspruch auf die Rate, nichtvermerkte Gläubiger dagegen Anspruch auf das Ganze haben.

3. Nur der — vom Gerichtsschreiber mit der Vollstreckungsklausel ausgefertigte — Auszug wirkt Vollstreckbarkeit nach Maßgabe des Vergleichs auch gegen die bezeichneten, aus dem Vergleiche Mitverpflichteten (Gesamtschuldner; Bürgen, soweit sie sich nicht ausdrücklich die Vorausklage vorbehielten). Diese Mithaftenden können also nicht von Gläubigern in Anspruch genommen werden, deren Forderung bestritten oder nicht ins Verzeichnis aufgenommen war.

4. Ein Absonderungsberechtigter (vgl. § 36 Anm. 1) muß, wenn er nicht auf abgesonderte Befriedigung verzichtet, zunächst sein Absonderungsrecht verwirklichen. Dazu dient ihm, falls die persönliche Forderung als anerkannt vermerkt wurde („nach Höhe des Ausfalls") der vollstreckbare Auszug. Soweit er hierbei ausfällt, kann er alsdann die Vergleichsrate beitreiben.

§ **62**. Gegen die Gläubiger der im § 33 Abs. 2 Nr. 3 bezeichneten Ansprüche ist der durch den Vergleich begründete Erlaß oder die durch ihn gewährte Stundung wirksam. Die im § 33 Abs. 2 Nr. 5 bezeichneten Ansprüche gelten im Falle rechtskräftiger Bestätigung des Vergleichs als erlassen.

Siehe § 33 Anm. 2.

§ **63**. Eine Klage auf Aufhebung des Vergleichs wegen Nichterfüllung findet nicht statt.

§ **64**. Unbeschadet der durch den Vergleich gewährten Rechte kann jeder beteiligte Gläubiger den vergleichsmäßigen Erlaß oder die vergleichsmäßige Stundung seiner Forderung anfechten,

1. wenn der Vergleich durch Betrug zustande gebracht ist,
2. wenn durch die Geltendmachung des Anspruchs eines nach § 60 Abs. 1 Satz 2 durch den Vergleich nicht betroffenen Gläubigers die Rechte der durch den Vergleich betroffenen Gläubiger gefährdet werden.

Im Falle der Nr. 1 ist die Anfechtung nur zulässig, wenn der Gläubiger ohne Verschulden außerstande war, den Anfechtungsgrund in dem Verfahren über den Zwangsvergleich geltend zu machen.

§ **65.** Die rechtskräftige Verurteilung des Schuldners wegen betrüglichen Bankerotts oder wegen vorsätzlicher Verletzung der Eidespflicht bei Leistung des ihm nach § 50 auferlegten Eides hebt für alle Gläubiger den durch den Vergleich begründeten Erlaß und die durch ihn gewährte Stundung auf, unbeschadet der hnen durch den Vergleich gewährten Rechte.

Zu §§ 63—65.

Keine Aufhebungsklage wegen Nichterfüllung; Anfechtung wegen Betrugs; Wegfall der Vergleichsbeschränkungen bei betrüglichem Bankerott oder vorsätzlicher Verletzung der Vergleichseidespflicht.

„Nach § 63, der dem § 195 KO. entspricht, findet eine Klage auf Aufhebung des Vergleichs wegen Nichterfüllung nicht statt. Ob die Rechte der Gläubiger durch kassatorische Klauseln zu wahren sind, bleibt der Vereinbarung im einzelnen Falle überlassen. Zur Vermeidung von Unbilligkeiten kann es namentlich angezeigt sein, zu vereinbaren, daß der bewilligte Erlaß in Wegfall kommt, wenn der Schuldner vor der Erfüllung des Vergleichs in Konkurs geraten sollte.

Der § 64 Abs. 1 Nr. 1 i. V. mit Abs. 2 sieht entsprechend dem § 196 KO. die Möglichkeit vor, den Vergleich wegen Betrugs anzufechten. Dieser Anfechtungsgrund wird z. B. vorliegen können, wenn der Schuldner arglistig Gläubiger verheimlicht hat, die infolgedessen nach § 60 Abs. 1 Satz 2 ihre vollen Ansprüche behalten. Darüber hinaus müssen die durch den Vergleich gebundenen Gläubiger aber auch dann gegen eine Benachteiligung durch den Zugriff nicht benannter Gläubiger geschützt werden, wenn dem Schuldner der Vorwurf der Arglist nicht gemacht werden kann. Ihnen ist deshalb im § 64 Abs. 1 Nr. 2 die Möglichkeit gegeben, in einem solchen Falle ihre ursprünglichen Forderungen im Wege der Anfechtung wieder aufleben zu lassen. Praktische Bedeutung gewinnt dies namentlich, wenn der neu auftretende Gläubiger den Konkurs des

Schuldners herbeiführt. Es würde unbillig sein, wollte man in diesem Konkurs ihn mit seiner vollen Forderung beteiligen, die übrigen Gläubiger aber nur mit ihrer Vergleichsquote zulassen.

Das Anfechtungsrecht aus § 64 Abs. 1 Nr. 2 entfällt, wenn der Vergleichsgläubiger wegen seines vergleichsmäßigen Anspruchs befriedigt ist. Dann sind seine rechtlichen Beziehungen zum Schuldner beendigt.

Der § 65 entspricht dem § 197 KO. Der Verurteilung wegen betrüglichen Bankerotts ist die Verurteilung wegen vorsätzlicher Verletzung der Eidespflicht des Vergleichseides (§ 50) gleichgestellt worden" (Begr.).

5. Beendigung des Verfahrens.

§ **66.** Die Geschäftsaufsicht ist aufzuheben, wenn der Schuldner es beantragt oder wenn ein wichtiger Grund für die Aufhebung vorliegt.

Als wichtiger Grund ist es namentlich anzusehen,

1. wenn der Schuldner in erheblichem Maße seine Pflichten verletzt oder den Interessen der Gläubiger zuwiderhandelt;
2. wenn die Voraussetzungen für die Anordnung der Geschäftsaufsicht nachträglich weggefallen sind.

§ **67.** Vor der Aufhebung der Geschäftsaufsicht ist der Schuldner zu hören.

Macht der Schuldner glaubhaft, daß er in Vergleichsverhandlungen mit den Gläubigern steht, so darf die Aufhebung auf Grund des § 66 Abs. 2 Nr. 2 erst nach fruchtlosem Ablauf einer dem Schuldner von dem Gerichte zu bestimmenden Frist erfolgen.

§ **68.** Gegen den Beschluß, durch den die Geschäftsaufsicht aufgehoben wird, steht dem Schuldner die sofortige Beschwerde zu. Der Beschluß wird erst mit der Rechtskraft wirksam.

§ **69**. Die Geschäftsaufsicht endigt mit der Rechtskraft des Beschlusses, durch den der Zwangsvergleich bestätigt wird.

§ **70**. Die rechtskräftige Beendigung der Geschäftsaufsicht ist allen Gläubigern und den Stellen mitzuteilen, denen die Anordnung der Geschäftsaufsicht mitgeteilt worden ist. Die Mitteilungen können ohne besondere Form erfolgen.

Vorbemerkung: §§ 66—70 handeln über die **Voraussetzungen** und den **Zeitpunkt der Beendigung** des Auff.Verf.

A. Voraussetzungen der Beendigung:

1. Antrag des Schuldners, kann jederzeit gestellt werden, da die Gesch.Auff. in erster Linie als Rechtswohltat für ihn gedacht ist.

2. Wichtige Gründe, vgl. Anm. 1 zu §§ 1, 2 und 28 (wachsende Überschuldung, Aufzehrung des Vermögens, geschäftsuntüchtiges Verhalten des Schuldners u. dgl.). In diesen Fällen ist das Gericht zur Aufhebung verpflichtet.

3. Bestätigung des Zwangsvergleichs (§ 69), wonach die Gesch.Auff. von selbst endigt.

B. Zeitpunkt der Beendigung:

1. Der Aufhebungsbeschluß ist stets amtswegen dem Schuldner zuzustellen; er wird wirksam:

a) mit Zustellung des Aufhebungsbeschlusses an den Schuldner, falls er den Antrag auf Aufhebung stellte,

b) andernfalls mit der Rechtskraft des Aufhebungsbeschlusses. Ferner ist der Aufhebungsbeschluß der Auff.Person zuzustellen, deren Amt in diesem Fall mit der rechtskräftigen Aufhebung endet.

Die Gläubiger und die in § 22 bezeichneten Stellen sind (formlos) nach Eintritt der Rechtskraft in Kenntnis zu setzen. Öffentliche Bekanntmachungen finden nicht statt (§ 18).

2. Der den Zwangsvergleich bestätigende Beschluß ist nach § 59 zu verkünden; das Auff.Verf. endigt mit seiner Rechtskraft (§ 69).

III. Schlußvorschriften.

§ 71. Wird im Anschluß an eine Geschäftsaufsicht das Konkursverfahren über das Vermögen des Schuldners eröffnet, so sind im Konkurse die gerichtlichen Kosten der Geschäftsaufsicht und des Vergleichsverfahrens sowie die Gebühren und Auslagen der Aufsichtsperson als Massekosten (§ 58 der Konkursordnung) zu behandeln.

„Im Anschluß" an eine Gesch.Auff. ist das Konkursverfahren eröffnet, wenn es mit der Gesch.Auff. in innerem Zusammenhange steht, namentlich wenn es auf demselben Konkursgrunde beruht, der die Gesch.Auff. veranlaßt hat (Begr.).

In einem späteren Konkurse haben die in § 13 Abs. 1 Nr. 1 bezeichneten Gläubiger nicht die Stellung von Massegläubigern und sind auch sonst nicht vor den übrigen Gläubigern bevorzugt.

§ 72. Die Vorschriften der §§ 207 bis 211, 213 der Konkursordnung, des § 63 des Gesetzes, betreffend die Gesellschaften mit beschränkter Haftung (Reichs-Gesetzbl. 1898, S. 846), des § 98, § 100 Abs. 1, 2 des Gesetzes, betreffend die Erwerbs- und Wirtschaftsgenossenschaften (Reichs-Gesetzbl. 1898, S. 810), sind auf die Geschäftsaufsicht und das Vergleichsverfahren entsprechend anzuwenden. Ein Antragsrecht der Gläubiger wird hierdurch nicht begründet.

In dem Vergleichsverfahren über das Privatvermögen eines persönlich haftenden Gesellschafters einer offenen Handelsgesellschaft, einer Kommanditgesellschaft oder einer Kommanditgesellschaft auf Aktien sind die Gesellschaftsgläubiger, wenn über das Gesellschaftsvermögen das Vergleichsverfahren oder das Konkursverfahren eröffnet ist, nur in Höhe desjenigen Betrags beteiligt, für den sie in diesem Verfahren keine Befriedigung erhalten.

Die Zulassung des Zwangsvergleichsverfahrens nach §§ 30 ff. auch für Erwerbs- und Wirtschaftsgenossenschaften bedeutet eine wichtige, sehr begrüßenswerte Neuerung. Im Hinblick auf die Sondervorschrift in § 116 GenGes., wonach wegen der genossenschaftlichen Haftung im Falle des Konkurses eine Aufhebung des Konkursverfahrens durch Zwangsvergleich nicht stattfindet, läßt aber die VO. nur einen solchen außergerichtlichen Zwangsvergleich zu, der auf — verzinsliche oder zinslose — Stundung geht (§ 35 Abs. 2). Der Möglichkeit, daß einzelne Genossen während der Dauer der Stundung ausscheiden und sich so zum Nachteile der Gläubiger von der Haftpflicht befreien, wird durch § 76 begegnet. Aus der Anwendung der Vorschriften §§ 98, 100 Gen.Ges. ergibt sich, daß die Gesch.Auff. und der Zwangsvergleich auch während der Liquidation solange zulässig bleibt, als die Verteilung des Vermögens noch nicht vollzogen ist.

§ **73.** Auf die Geschäftsaufsicht zur Abwendung des Konkurses über einen Nachlaß sind die Vorschriften der §§ 217, 218, 221, 225 der Konkursordnung entsprechend anzuwenden. Ein Antragsrecht der Gläubiger wird hierdurch nicht begründet.

In Ansehung der Haftung des Erben für die Nachlaßverbindlichkeiten wirkt die Geschäftsaufsicht wie der Nachlaßkonkurs.

Von dem Verfahren werden außer den im § 13 dieser Verordnung bezeichneten Gläubigern auch die Gläubiger der im § 224 der Konkursordnung bezeichneten Ansprüche nicht betroffen.

Ein Zwangsvergleich kann nur auf den Vorschlag aller Erben geschlossen werden. Die Eröffnung des Vergleichsverfahrens kann erst beantragt werden, wenn das Aufgebot der Nachlaßgläubiger erfolgt ist. An dem Vergleichsverfahren sind alle Nachlaßgläubiger mit Ausnahme der im § 226 Abs. 2 und 4 der Konkursordnung bezeichneten beteiligt. Der Zwangsvergleich begrenzt, soweit er nicht ein anderes festsetzt, zugleich den Umfang der persönlichen Haftung des Erben.

Die vorstehenden Bestimmungen finden im Falle der fortgesetzten Gütergemeinschaft auf die Geschäftsaufsicht zur Abwendung des Konkurses über das Gesamtgut entsprechende Anwendung. An dem Vergleichsverfahren sind nur die Gesamtgutsgläubiger beteiligt, deren Forderungen schon zur Zeit des Eintritts der fortgesetzten Gütergemeinschaft bestanden.

Nachlaß-Geschäftsaufsicht.

„Voraussetzung für die Anordnung der Geschäftsaufsicht ist, daß die Überschuldung des Nachlasses (§ 215 KO.) auf den Krieg zurückzuführen ist und daß Aussicht besteht, sie nach Beendigung der Kriegsverhältnisse zu beheben oder den Nachlaßkonkurs durch ein Übereinkommen mit den Gläubigern abzuwenden (zu vgl. § 1). Antragsberechtigt sind dieselben Personen, die den Nachlaßkonkurs beantragen können (§§ 217, 218 KO.), jedoch unter Ausschluß der Nachlaßgläubiger. Die konkursrechtlichen Vorschriften über die Beschränkung der Absonderungsrechte, die Unwirksamkeit von Vormerkungen und die Behandlung der Erbenansprüche gegen den Erblasser (§§ 221, 225 KO.) lassen sich auf die Gesch.Auff. entsprechend übertragen.

Eine Vorzugsstellung nehmen, abgesehen von den im § 13 bezeichneten Personen, auch die im § 224 der KO. bezeichneten Gläubiger ein.

Nach geltendem Rechte bildet im Falle der Überschuldung des Nachlasses der Nachlaßkonkurs das Mittel zur Durchführung der beschränkten Haftung des Erben (§§ 1975, 2013 BGB.). Um dem Erben dieses Mittel auch dann zu erhalten, wenn er von der Möglichkeit, den Nachlaßkonkurs abzuwenden, Gebrauch macht, ist es notwendig, die Geschäftsaufsicht hinsichtlich der Wirkungen auf die Erbenhaftung dem Nachlaßkonkurse gleichzustellen (§ 73 Abs. 2). Solange die Gesch.Auff. dauert, beschränkt sich demgemäß die Haftung des Erben für die Nachlaßverbindlichkeiten auf den Nachlaß und kann die Möglichkeit der Haftungsbeschränkung nicht durch Versäumung der Inventarfrist verwirkt werden (zu vgl. §§ 1975, 2000 BGB.).

Der Vergleichsvorschlag muß wie im Konkurse (§ 230 KO.) von allen Erben ausgehen. Da das Vergleichsverfahren der persönlichen Mitwirkung eines mit den Verhältnissen vertrauten Schuldners entbehrt, ist es im Interesse der Gläubiger unerläßlich, eine ordnungsmäßige Feststellung des Schuldenstandes im Wege des Aufgebots vorausgehen zu lassen. Abs. 4 bestimmt deshalb, daß die Eröffnung des Vergleichsverfahrens erst beantragt werden kann, wenn das Aufgebot der Nachlaßgläubiger durchgeführt ist (§§ 1970 ff. BGB., 989 ff. ZPO.). Das Aufgebotsverfahren kann auch während der Dauer der Gesch.Auff. betrieben werden; es setzt voraus, daß der Erbe die Erbschaft angenommen hat und nicht für die Nachlaßverbindlichkeiten unbeschränkt haftet (§ 991 ZPO.). Auf Grund des Ergebnisses des Aufgebots ist das Gläubigerverzeichnis aufzustellen. Am Vergleichsverfahren nehmen alle bekannten Nachlaßgläubiger teil (zu vgl. § 226 Abs. 1 KO.); ausgenommen sind — mit einer unbedeutenden Erweiterung (zu vgl. § 226 Abs. 2 Nr. 1 KO.) — die Gläubiger, die auch im Nachlaßkonkurse vom Zwangsvergleich ausgeschlossen sind (§ 230 Abs. 2 KO.). Der Zwangsvergleich begrenzt, soweit er nichts anderes bestimmt, zugleich die persönliche Haftung des Erben. Der Erbe kann nachträglich die beschränkte Haftung nicht mehr verlieren (zu vgl. § 2000 Satz 3 BGB.). Für unberücksichtigt gebliebene Nachlaßverbindlichkeiten hat er nur noch nach Maßgabe der §§ 1973, 1989 BGB. einzustehen.

Stirbt der Schuldner während der Dauer der Gesch.Aufs., so sind die Grundsätze, die für den Fall des Todes des Gemeinschuldners während des Konkursverfahrens gelten, entsprechend heranzuziehen. Aus ihnen ergibt sich, daß die Gesch. Aufsicht mit dem Tode des Schuldners nicht ohne weiteres endigt, daß vielmehr die Vorschriften über die Nachlaß-Gesch.-Aufs., soweit es mit der Besonderheit der Verhältnisse vereinbar ist, Platz greifen. Einen vom Erblasser gemachten, aber von den Gläubigern noch nicht angenommenen Vergleichsvorschlag kann der Erbe aufnehmen. Stirbt der Schuldner erst nach der Annahme des Vergleichsvorschlags, so steht dies der Bestätigung des Vergleichs nicht entgegen" (Begr.).

§ **74.** Die Vorschriften dieser Verordnung finden auf Versicherungsunternehmungen, die der Beaufsichtigung nach Maßgabe des Gesetzes über die privaten Versicherungsunternehmungen vom 12. Mai 1901 (Reichs-Gesetzbl. S. 139) unterliegen, keine Anwendung.

„Bei Versicherungsunternehmungen, die nach Maßgabe des Gesetzes über die privaten Versicherungsunternehmungen vom 12. Mai 1901 (Reichs-Gesetzbl. S. 139) beaufsichtigt werden, hat ausschließlich die Versicherungsaufsichtsbehörde darüber zu befinden, ob und wann ein Antrag auf Eröffnung des Konkurses am Platze ist (§ 68 des Ges.). In ihre Hand sind auch im wesentlichen die Aufgaben und Befugnisse gelegt, die die VO. den Aufs.Pers. zuweist." (Begr.)

§ **75.** Soweit nach den Vorschriften der Konkursordnung oder des Gesetzes, betreffend die Anfechtung von Rechtshandlungen eines Schuldners außerhalb des Konkursverfahrens (Reichs-Gesetzbl. 1898, S. 709), die Anfechtbarkeit von Rechtshandlungen davon abhängt, daß sie innerhalb bestimmter Fristen vor der Eröffnung des Konkurses, vor dem Eröffnungsantrag, vor der Zahlungseinstellung oder vor der Anfechtung vorgenommen sind, wird bei der Berechnung der Fristen die Zeit nicht mitgerechnet, während deren die Geschäftsaufsicht besteht.

Die Vorschrift des Abs. 1 findet keine Anwendung, wenn die Rechtshandlung auf Grund des Gesetzes, betreffend die Anfechtung von Rechtshandlungen eines Schuldners außerhalb des Konkursverfahrens, von einem Gläubiger angefochten wird, der von dem Verfahren nicht betroffen war.

Anfechtung.

1. Die VO. enthält keine den Bestimmungen der Anfechtung im Konkurse (§§ 29—42 KO.) entsprechende Vorschrift. Da während der Dauer der Gesch.Auff. das Konkursverfahren nicht eröffnet, mithin das konkursmäßige Anfechtungsrecht nicht ausgeübt werden kann, würden wohlbegründete Anfechtungsansprüche verloren gehen, falls die Anfechtungsfristen während dieser Zeit fortlaufen würden. Um diesen Unzuträglichkeiten zu begegnen, ist nunmehr ausdrücklich bestimmt, daß die Dauer der Gesch.Auff. auf den Lauf der nach §§ 29— 42 KO. zu beachtenden Fristen nicht anzurechnen ist.

Es können also die nach der Zahlungseinstellung bezw. in den letzten Tagen vor der Anordnung der Gesch.Auff. erfolgten die Gesamtgläubigerschaft benachteiligenden Rechtshandlungen nicht etwa durch die Auff.Verf. angefochten werden, so erworbene Ansprüche werden vielmehr vom Verfahren nicht betroffen. Auch Gläubiger mit sonst anfechtbar begründeten Pfandrechten sind im Gesch.Auff.Verf. absonderungsberechtigt, zumal es an einem Organ zur Ausübung des Anfechtungsrechts im Interesse der Gesamtgläubigerschaft fehlt. Ausnahmsweise wird u. U. § 138 BGB. Anwendung finden können. Bei besonders unbilligen Ergebnissen wird ein Grund zur Aufhebung des Verfahrens (§ 66) gegeben sein.

2. Dagegen können die nach dem Gesetz vom 20. Mai 1898 außerhalb des Konkursverfahrens anfechtbaren Rechtshandlungen von den einzelnen Gläubigern grundsätzlich auch während der Gesch.Aufs. angefochten werden. (Dies wird auch in der Begründung zu § 75 betont; LG. Freiburg in JW. 1916 S. 1552 will die Anfechtungsklage nur für die bevorrechtigten Gläubiger zulassen). Da aber den vom Verfahren betroffenen Gläubigern ein Zugriff im Zwangswege verwehrt ist (§§ 4, 6 Abs. 2), bestimmt § 75 Abs. 2 auch zugunsten dieser Gläubiger eine Hemmung der Anfechtungsfristen für die Dauer der Gesch.Aufs.

3. Rückwirkende Kraft: s. § 80.

§ 76. Hat ein Genosse seinen Austritt aus einer eingetragenen Genossenschaft erklärt oder der Gläubiger eines Genossen dessen Kündigungsrecht ausgeübt, so scheidet der Genosse nicht vor dem Schlusse des Geschäftsjahrs aus, in welchem die Geschäftsaufsicht über die Genossenschaft endigt, oder wenn in einem Zwangsvergleich eine Stundung bewilligt wird, nicht vor dem Schlusse des Geschäftsjahrs, in welchem die Stundung abläuft.

Die Einreichung der Erklärung des Genossen oder des Gläubigers zur Liste der Genossen ist spätestens sechs Wochen vor dem Ende des Geschäftsjahrs, zu dessen Schlusse der Genosse ausscheidet, oder wenn die Geschäftsaufsicht innerhalb der letzten sechs Wochen dieses Jahres endigt, unverzüglich zu bewirken. Die Eintragung des Jahresschlusses, zu dem der Genosse ausscheidet, in die Liste der Genossen erfolgt erst nach der Beendigung der Geschäftsaufsicht; ist sie bereits geschehen, so ist nachträglich zu vermerken, daß die Geschäftsaufsicht angeordnet ist.

„Bei der Gesch.Auss. über eine eingetragene Genossenschaft können sich für die Gläubiger aus einer Veränderung des Mitgliederbestandes Unbilligkeiten ergeben. Scheiden einzelne Genossen aus einer zahlungsunfähig gewordenen, nicht unter Gesch.Auss. gestellten Genossenschaft aus, so sind die Gläubiger in der Lage, die Wirkungen des Ausscheidens dadurch rückgängig zu machen, daß sie binnen sechs Monaten nach dem Ausscheiden die Eröffnung des Konkursverfahrens und damit die Auflösung der Genossenschaft herbeiführen; in diesem Falle gilt nach § 75 des Gesetzes, betreffend die Erwerbs- und Wirtschaftsgenossenschaften, das Ausscheiden als nicht erfolgt. Die Möglichkeit, sich so gegen eine Minderung der Haftung zu schützen, wird den Gläubigern durch die Gesch.Auss. genommen, weil während ihrer Dauer das Konkursverfahren über das Vermögen der Genossenschaft nicht eröffnet werden darf. Die Genossen können daher während der Gesch.Auss., ohne daß die Gläubiger es zu hindern imstande sind, aus der Genossenschaft und bei längerer Dauer der Gesch.Auss. auch aus der Haft- oder Nachschußpflicht endgültig ausscheiden (zu vgl. §§ 125, 128, 141 des Gesetzes, betreffend die Erwerbs- und Wirtschaftsgenossenschaften). Eine solche Schmälerung ihrer Rechte hinzunehmen, kann den Gläubigern nicht zugemutet werden. Es ist billig, wenn die Genossen, denen die Abwendung des Genossenschaftskonkurses mittelbar zugute kommt, in der Genossenschaft verbleiben, solange die Gesch.Auss. oder die in einem Vergleiche bewilligte Stundung (§ 35 Abs. 2) dauert.

Der § 76 bestimmt deshalb, daß die Ausscheidungsgründe der §§ 65, 66, 67 des Gesetzes, betreffend die Erwerbs- und Wirtschaftsgenossenschaften, frühestens zum Schlusse des Geschäftsjahres wirksam werden, in welchem die Gesch.Auss. oder die Zwangsstundung endigt. Dies gilt auch, wenn der Austritt oder die Aufkündigung schon vor der Anordnung der Gesch.Auss.

erklärt, das Ausscheiden aber bei Beginn der Gesch.Aufs. noch nicht erfolgt ist. War der Genosse bei der Anordnung der Gesch.-Aufs. bereits wirksam ausgeschieden (§ 70 Abs. 2 des Gesetzes), so behält es hierbei sein Bewenden.

Wegen der Einreichung der Austrittserklärung zur Liste der Genossen und der Eintragung in die Liste sind im § 76 Abs. 2 die nötigen Ergänzungen der §§ 69, 70 des Genossenschaftsgesetzes vorgesehen" (Begr.).

§ **77**. Ein Gläubiger, der sich von dem Schuldner oder andern Personen besondere Vorteile dafür hat gewähren oder versprechen lassen, daß er bei der Abstimmung über den Vergleichsvorschlag in einem gewissen Sinne stimme, wird mit Geldstrafe bis zu dreitausend Mark oder mit Gefängnis bis zu einem Jahre bestraft.

Diese **Strafbestimmung über Stimmenkauf** entspricht dem § 243 KO.

§ **78**. Das amtsgerichtliche Verfahren der Geschäftsaufsicht ist gebührenfrei; auf die Auslagen sind die Vorschriften des fünften und sechsten Abschnittes des Gerichtskostengesetzes entsprechend anzuwenden.

Die Gebühr für das Vergleichsverfahren beträgt, wenn der Vergleichstermin abgehalten wird, fünf Zehnteile, andernfalls zwei Zehnteile der Sätze des § 8 des Gerichtskostengesetzes. Die Vorschriften des § 52 des Gerichtskostengesetzes finden entsprechende Anwendung.

Für die Beschwerdeinstanz wird die in den §§ 45, 46 des Gerichtskostengesetzes bestimmte Gebühr besonders erhoben. In den Fällen des § 42 Abs. 3, § 59 Abs. 2, § 68 dieser Verordnung sind die Vorschriften des § 52 des Gerichtskostengesetzes entsprechend anzuwenden.

Pauschsätze werden nicht erhoben, soweit das Verfahren gebührenfrei ist.

Gerichtskosten.

Das amtsgerichtliche Auff. Verf. ist gebührenfrei.

Für das Vergleichsverfahren sind die Gebühren wesentlich niedriger, als für ein durch Zwangsvergleich beendetes Konkursverfahren.

Nichtbetroffener Anspruch: § 13 Abs. 1 Nr. 6.

§ **79.** Für die Tätigkeit im Vergleichsverfahren erhält der Rechtsanwalt sechzehn Zehnteile der Gebühr des § 9 der Gebührenordnung für Rechtsanwälte. Für die Vertretung in der Beschwerdeinstanz erhält er die im § 41 der Gebührenordnung für Rechtsanwälte bestimmten Gebühren besonders.

Auf die Wertberechnung finden die Vorschriften des § 59 der Gebührenordnung für Rechtsanwälte entsprechende Anwendung.

Anwaltskosten.

Wegen der Anwaltsgebühren für das Auff. Verf. kommt § 89 der Gebührenordnung für Rechtsanwälte in Betracht.

§ **80.** Diese Verordnung tritt am 25. Dezember 1916, und zwar hinsichtlich des § 75 mit Wirkung vom 10. August 1914 ab in Kraft; sie tritt an die Stelle der Verordnung, betreffend die Anordnung einer Geschäftsaufsicht zur Abwendung des Konkursverfahrens, vom 8. August 1914 (Reichs-Gesetzbl. S. 363).

Eine vor dem Inkrafttreten abgegebene schriftliche Erklärung, in der ein Gläubiger einem Vergleichsvorschlage des Schuldners zugestimmt hat, gilt als Zustimmungserklärung im Sinne des § 41 Abs. 1 Nr. 2 dieser Verordnung.

Der Bundesrat bestimmt, wann und in welchem Umfang die Verordnung außer Kraft tritt.

Schluß- und Uebergangsvorschriften.

„Die Vorschrift des Abs. 2 soll es ermöglichen, die Ergebnisse der vor dem Inkrafttreten der VO. angebahnten privaten Vergleichsverhandlungen unmittelbar in dem gerichtlichen Verfahren zu verwerten. Die vorher abgegebene schriftliche Zustimmungserklärung eines Gläubigers zu einem Vergleichsvorschlag gilt als eine Erklärung im Sinne des § 41 Abs. 1 Nr. 2, daß der Gläubiger mit der Eröffnung des Vergleichsverfahrens auf der Grundlage des Vorschlags einverstanden sei. Sie wird demnächst zur endgültigen Zustimmungserklärung im Sinne des § 51, wenn der Gläubiger, ohne sie widerrufen zu haben, in dem Vergleichstermine nicht erscheint" (Begr.).

Vgl. auch § 11 Anm. 7.

Sachverzeichnis.

(Die fetten Zahlen bedeuten die §§.)

Manuldruck von F. Ullmann G. m. b. H., Zwickau Sa.

Nachtrag

zu

Klien, Die Geschäftsaufsicht zur Abwendung des Konkurses

(Guttentagsche Sammlung Deutscher Reichsgesetze Nr. 127)

Verordnung zur Änderung der Geschäftsaufsichtsverordnung.

Vom 8. Februar 1924 (RGBl. I S. 51).

Auf Grund des Ermächtigungsgesetzes vom 8. Dezember 1923 (Reichsgesetzbl. I S. 1179) verordnet die Reichsregierung nach Anhörung eines Ausschusses des Reichsrats und des Reichstags:

Artikel I.

Die Bekanntmachung über die Geschäftsaufsicht zur Abwendung des Konkurses vom 14. Dezember 1916 (Reichsgesetzbl. S. 1363) wird dahin geändert:

1. Im § 1 Abs. 1 werden im Satze 1 und 2 hinter den Worten:

   „infolge des Krieges“ die Worte „oder der aus ihm erwachsenen wirtschaftlichen Verhältnisse“ eingestellt.

2. Im § 1 Abs. 2 werden die Worte: „nach Wegfall der Kriegsverhältnisse“ gestrichen.

3. Als § 1 Abs. 3 wird folgende Vorschrift eingestellt:

   Der Antrag ist abzulehnen, wenn die Zahlungsunfähigkeit oder Überschuldung auf ein unredliches Verhalten des Schuldners zurückzuführen ist oder wenn das bisherige Verhalten des Schuldners die Besorgnis begründet, daß er während der Dauer der Geschäftsaufsicht den Interessen der Gläubiger zuwiderhandeln werde.

4. Als § 66 Abs. 3 wird folgende Vorschrift eingestellt:

Die Geschäftsaufsicht ist ferner aufzuheben, wenn ein Jahr seit der Anordnung verstrichen ist.

5. Im § 67 Abs. 1 werden zwischen den Worten: „ist" und „der" die Worte: „in den Fällen des § 66 Abs. 1, 2" eingefügt.

6. An die Stelle des § 67 Abs. 2 tritt folgende Vorschrift:

Macht der Schuldner vor Ablauf der im § 66 Abs. 3 bestimmten Frist glaubhaft, daß die Erledigung des Verfahrens innerhalb der Frist aus besonderen Gründen nicht möglich ist, so darf die Aufhebung auf Grund des § 66 Abs. 3 nicht vor Ablauf einer von dem Gerichte zu bestimmenden Nachfrist erfolgen, wenn begründete Aussicht besteht, daß innerhalb der Nachfrist die Zahlungsunfähigkeit oder die Überschuldung behoben oder der Konkurs durch ein Übereinkommen mit den Gläubigern abgewendet werden wird. Das Gericht soll den Schuldner hierauf spätestens einen Monat vor Ablauf der Frist hinweisen.

7. Als § 68 Abs. 2 wird folgende Vorschrift eingefügt:

Gegen den Beschluß, durch den eine Nachfrist gesetzt oder verlängert wird, steht jedem Gläubiger, der vom Verfahren betroffen wird, die sofortige Beschwerde zu.

Artikel II.

Die Verordnung findet auf die bei ihrem Inkrafttreten bestehenden Geschäftsaufsichten Anwendung. Die Aufhebung einer bestehenden Geschäftsaufsicht aus dem im § 66 Abs. 3 bestimmten Grunde findet jedoch nicht vor Ablauf von 3 Monaten seit dem Inkrafttreten statt.

Berlin, den 8. Februar 1924.

Der Reichskanzler.
Marx.

Der Reichsminister der Justiz.
Emminger.

II. Nachtrag

zu

Klien, Die Geschäftsaufsicht zur Abwendung des Konkurses.

Bearbeitet von

Amtsgerichtsrat Dr. Schumann, Leipzig.

(Guttentagsche Sammlung
Deutscher Reichsgesetze Nr. 127)

Berlin und Leipzig 1924.

Walter de Gruyter & Co.

vormals G. J. Göschen'sche Verlagshandlung — J. Guttentag, Verlagsbuchhandlung — Georg Reimer — Karl J. Trübner — Veit & Comp.

Gesetz zur Änderung der Bekanntmachung des Bundesrats über die Geschäftsaufsicht zur Abwendung des Konkurses vom 14. Dezember 1916 in der Fassung der Verordnung vom 8. Februar 1924.

Vom 12. Juni 1924 (RGBl. Teil I Seite 641).

Der Reichstag hat das folgende Gesetz beschlossen, das mit Zustimmung des Reichsrats hiermit verkündet wird:

Artikel 1.

Die Reichsregierung bestimmt mit Zustimmung des Reichsrats, wann und in welchem Umfange die Verordnung außer Kraft tritt, sowie ob und in welchem Umfange einzelne Vorschriften mit Rücksicht auf die wirtschaftliche Lage zu ändern sind. Soweit es die Dringlichkeit der Angelegenheit erlaubt, sollen vorher die Berufsvertretungen von der Regierung gehört werden.

Artikel 2.

Dieses Gesetz tritt mit seiner Verkündung in Kraft.

Berlin, den 12. Juni 1924.

Der Reichspräsident
Ebert

Der Reichsminister der Justiz
In Vertretung
Dr. Joël

Verordnung zur Änderung der Geschäftsaufsichtsverordnung.

Vom 14. Juni 1924 (RGBl. Teil I S. 641).

Auf Grund des Artikel 1 des Gesetzes zur Änderung der Bekanntmachung des Bundesrats über die Geschäftsaufsicht zur Abwendung des Konkurses vom 14. Dezember 1916, in der Fassung der Verordnung vom 8. Februar 1924, vom 12. Juni 1924 (Reichsgesetzbl. I. S. 641) verordnet die Reichsregierung mit Zustimmung des Reichsrats:

Artikel I.

Die Bekanntmachung über die Geschäftsaufsicht zur Abwendung des Konkurses vom 14. Dezember 1916 (Reichsgesetzbl. S. 1363) in der Fassung der Verordnung zur Änderung der Geschäftsaufsichtsverordnung vom 8. Februar 1924 (Reichsgesetzbl. I S. 51) wird dahin geändert:

1. Im § 1 Abs. 2 werden eingefügt: zwischen den Worten „wenn" und „Aussicht" das Wort „begründete", zwischen den Worten „daß" und „die" die Worte „in absehbarer Zeit".

Im Abs. 3 werden zwischen den Worten „unredliches" und „Verhalten" die Worte „oder leichtsinniges" eingefügt.

Auch ob „begründete" Aussicht besteht, daß „in absehbarer Zeit" die Zahlungsunfähigkeit oder Überschuldung des Schuldners behoben oder ein gerichtliches oder außergerichtliches

Übereinkommen zustande kommen wird, läßt sich nur von Fall zu Fall entscheiden. Diese Erfordernisse sollen die Anordnung der Geschäftsaufsicht erschweren; sie nötigen deshalb das Gericht zu strenger Prüfung der Voraussetzungen, insbesondere zu sorgfältiger Untersuchung des Aktivvermögens des Schuldners auf seine alsbaldige Flüssigmachung hin (zu vgl. auch § 28 Abs. 1). — Die Aussicht auf eine vergleichsweise Erledigung dürfte schon ausreichend begründet sein, falls eine größere Anzahl der beteiligten Gläubiger mit erheblicheren Forderungen ihre Bereitwilligkeit zum Abschlusse eines Erlaß- oder Gestundungsvergleichs schriftlich ausgesprochen haben. — „Absehbare" Zeit bedeutet nicht etwa 1 Monat im Sinne von § 66 Abs. 3 Nr. 2, sondern mindestens 3 Monate, vgl. § 66 Abs. 3 Nr. 3. — Der Zusatz, daß auch „leichtsinniges" Verhalten des Schuldners eine Geschäftsaufsicht ausschließe, beruht offenbar auf § 187 KO.; leichtsinnig handelt, wer sich um die erkennbaren wirtschaftlichen Folgen seines Tuns nicht kümmert. Getroffen werden durch diese Vorschrift der Verschwender, der Spekulant usw.

2. § 6 Abs. 1 erhält folgende Fassung:

Während der Dauer der Geschäftsaufsicht ist die Entscheidung über Anträge auf Eröffnung des Konkursverfahrens über das Vermögen des Schuldners auszusetzen.

Diese Vorschrift beseitigt die Streitfrage, ob während einer Geschäftsaufsicht gestellte Konkursanträge ruhen oder — kostenpflichtig — zurückzuweisen sind. Die getroffene Regelung entspricht der Billigkeit.

3. § 16 erhält folgende Fassung:

Das Gericht hat zur Aufklärung aller das Verfahren betreffenden Verhältnisse die erforderlichen Ermittlungen anzustellen. Es kann die Vernehmung von Zeugen und

Sachverständigen anordnen, sowie zur Erörterung der Verhältnisse eine Gläubigerversammlung berufen. Die Berufung muß erfolgen, wenn sie von der Aufsichtsperson, dem Gläubigerbeirat oder von Gläubigern beantragt wird; die im Sinne der Vorschriften über den Zwangsvergleich beteiligt sind, sofern deren Forderungen nach der Schätzung des Gerichts zusammen den fünften Teil der Forderungen der beteiligten Gläubiger erreichen.

Diese Erörterungs**pflicht** des Gerichts ist in erster Linie als weiterer Schutz gegen sachlich ungerechtfertigte Geschäftsaufsichten an Stelle des Erörterungs**rechtes** getreten. Sie ist besonders wichtig im Eröffnungsverfahren, wo vielfach Anträge oder auch nur Anregungen aus Gläubigerkreisen fehlen. Bei der Forderungsschätzung werden zweckmäßigerweise die seit Anordnung der Geschäftsaufsicht laufenden Zinsen außer Betracht bleiben.

Bei Abstimmungen in Gläubigerversammlungen entscheidet regelmäßig Summenmehrheit, bei Summengleichheit die Zahl der Gläubiger (zu vgl. §§ 25 Abs. 2, 30 Satz 3). Unentbehrlich dürfte also ein Gläubigerverzeichnis sein (§ 47 Abs. 1). — Anderer Abstimmungsmodus beim Vergleich §§ 37 ff. und im Falle des § 66 Abs. 3 Nr. 1. — Das Gericht kann sich in den vom Gesetz nicht besonders geregelten Fällen auf ein **Gehör** der Gläubigerversammlung beschränken.

4. § 18 Abs. 1 wird gestrichen.

Durch Wegfall dieser Vorschrift ist an Stelle der auch bisher nur scheinbar bestandenen Geheimhaltung die von vielen Seiten dringend gewünschte **Öffentlichkeit** des Verfahrens getreten. Näheres über den Umfang der Bekanntmachungspflicht ergibt sich aus § 22 Abs. 1 und — für bereits vor dem 14. 6. 24 angeordnete Geschäftsaufsichten — aus Artikel II.

5. Im § 19 wird folgender Satz 2 angefügt:

Eine weitere Beschwerde findet in keinem Falle statt.

Diese Bestimmung beseitigt eine Unstimmigkeit zwischen der Denkschrift der Regierung zur Novelle vom 14. 12. 1916 und den geltenden Vorschriften § 14 GAV. in Verbindung mit § 568 ZPO. Im übrigen dient sie ausschließlich der Vereinfachung des Verfahrens.

6. § 21 Abs. 2 wird durch folgende Vorschriften ersetzt:

Vor der Entscheidung hat es, wenn der Schuldner Handel- oder Gewerbetreibender oder Landwirt ist, die zuständige amtliche Vertretung des Handels, Handwerks (Gewerbes) oder der Landwirtschaft oder einen Sachverständigen zu hören, es sei denn, daß diese Anhörung nicht ohne eine die Gesamtinteressen der Gläubiger gefährdende Verzögerung erfolgen kann. Die Vertretung hat sich über den Antrag unverzüglich, jedenfalls vor Ablauf einer Woche, zu äußern.

Vor der Entscheidung über den Antrag kann das Gericht von Amts wegen dem Schuldner besondere Verpflichtungen zur Sicherung der Gläubiger auferlegen.

Arreste und Zwangsvollstreckungen, die zugunsten der nach Anordnung der Geschäftsaufsicht von dem Verfahren betroffenen Gläubiger in der Zeit nach Eingang des Antrags, aber vor der Entscheidung über ihn eingeleitet werden, sind für das Verfahren der Geschäftsaufsicht ohne rechtliche Wirksamkeit.

Auch diese Regelung ist auf dringliche Vorstellungen aus Industrie-, Handels- und Bankkreisen bei der Reichsregierung in den letzten Wochen zurückzuführen. Die Gerichte sollen die Geschäftsaufsichten zu weitherzig angeordnet, dadurch ein verstecktes „gerichtliches Moratorium“ geschaffen und die Kreditpolitik der Reichsbank durchkreuzt haben. Ob diese Vorwürfe begründet sind, soll dahingestellt bleiben. Jedenfalls wird das Gehör der Berufsvertretungen in den meisten Fällen die Entscheidung über den gestellten Antrag nicht unerheblich verzögern. Die bisher dadurch drohende Gefahr des Vorgehens einzelner Gläubiger mit Zwangsvollstreckungsmaßnahmen ist durch Absatz 3 beseitigt.

Gehör eines Sachverständigen dürfte der schnellere und deshalb empfehlenswertere Weg sein, zumal sich die Berufsvertretung in diesem Falle gemäß § 22 Abs. 2 nach Anordnung der Geschäftsaufsicht gutachtlich zu äußern hat.

Die Vorschrift in Absatz 4 entspricht vielfach geäußerten Wünschen; sie schafft aber bedauerlicherweise kein Anfechtungsrecht der Aufsichtsperson analog dem des Konkursverwalters. Es handelt sich hier um ein sog. „relatives" gesetzliches Veräußerungsverbot im Sinne von § 135 BGB. zugunsten der am Verfahren beteiligten Gläubiger. Die Geltendmachung der Unwirksamkeit obliegt durch Erinnerung gemäß § 766 ZPO. dem Aufsichtsschuldner oder der Aufsichtsperson, soweit sie nach § 2 die Geschäftsführung übernommen hat; jeder vom Verfahren betroffene Gläubiger kann als der rechtlich geschützte Interessent nebenher selbständig Widerspruchsklage nach § 771 ZPO. erheben.

Ist die Unwirksamkeit einmal mit Erfolg geltend gemacht worden, so tritt der frühere Rechtszustand auch nicht durch eine vorzeitige Aufhebung der Geschäftsaufsicht wieder ein.

Die Vorschrift in Abs. 4 gilt übrigens nur für neue d. h. nach Inkrafttreten der Novelle angeordneten Geschäftsaufsichten.

7. Im § 22 Abs. 1 werden an Stelle des Satzes 1 folgende Sätze eingestellt:

Wird die Geschäftsaufsicht angeordnet, so bestellt das Gericht eine oder mehrere Aufsichtspersonen. Die Anordnung der Geschäftsaufsicht und der Name der Aufsichtsperson sind den ihrem Wohnort nach bekannten Gläubigern mitzuteilen und im Deutschen Reichsanzeiger

bekanntzumachen; das Gericht kann weitere Bekanntmachungen anordnen.

Zwischen Abs. 1 und Abs. 2 wird folgende Vorschrift als neuer Absatz eingestellt:

Mit der Mitteilung an die amtliche Vertretung (Abs. 1 Satz 3) ist, sofern diese vor der Anordnung des Verfahrens nicht gehört worden ist, die Aufforderung zu verbinden, sich unverzüglich, jedenfalls vor Ablauf einer Woche, darüber zu äußern, ob die Voraussetzungen der Geschäftsaufsicht für vorliegend erachtet werden.

Der bisherige Abs. 2 wird Absatz 3.

Die Bekanntmachung der Anordnung im örtlichen Amtsblatte dürfte zweckmäßig sein, unter Umständen auch in Fachblättern. Durch Abs. 1 letzter Satz wird das Bekanntmachungsrecht jedoch sachlich nicht erweitert. Öffentliche Bekanntmachungen von Gläubigerversammlungen und dergleichen sind also nicht zulässig.

Die der Berufsvertretung auferlegte Erklärungsfrist von einer Woche läuft vom Tage des Zugangs der Anordnungsmitteilung an. Ohne gleichzeitige Übersendung der Sachakten wird der Berufsvertretung eine solche gutachtliche Äußerung nicht möglich sein. Verneint sie das Vorliegen der Voraussetzung des § 1, so wird das Gericht die Geschäftsaufsicht sofort aufheben müssen; ihre Aufrechterhaltung wird nur aus triftigen Gründen, insbesondere nach anderweitem zustimmenden Gehör eines Sachverständigen zulässig sein. — Das nach Absatz 3 dem Schuldner und jedem Gläubiger eingeräumte Antragsrecht auf Berufung anderer oder weiterer Aufsichtspersonen ist an eine Frist von 3 (nicht 2) Wochen gebunden.

8. Im § 25 Abs. 2 wird zwischen Satz 1 und Satz 2 folgende Vorschrift eingestellt:

Als ein wichtiger Grund ist namentlich anzusehen, wenn in einer Gläubigerversammlung die nach den

Forderungsbeträgen zu berechnende Mehrheit die Entlassung beantragt; bei Gleichheit der Summen entscheidet die Zahl der Gläubiger.

Das Gericht ist nicht genötigt, einem solchen Beschlusse der Gläubigerversammlung stattzugeben; seine Nichtbeachtung muß jedoch durch triftige Gründe gestützt werden.

9. Im § 28 Abs. 1 erhält der Satz 1 folgende Fassung:

Die Aufsichtsperson hat darauf Bedacht zu nehmen, daß das Geschäft des Schuldners, soweit angängig, weiter betrieben wird, daß dabei aber vorhandene Bestände verwertet und eingegangene Verpflichtungen abgewickelt werden.

Absatz 3 erhält folgende Fassung:

Jeder Bericht hat eine Äußerung darüber zu enthalten, ob die Voraussetzungen für eine Fortdauer der Geschäftsaufsicht noch vorliegen, sowie darüber, ob und inwieweit der Schuldner seine und seiner Familie Lebensführung gemäß der Vorschrift des § 5 eingeschränkt hat.

Auch diese Vorschrift verdankt ihr Entstehen dem Drängen weiter Kreise aus Industrie und Handel. Sie soll verhindern, daß der Schuldner sich auf Kosten seiner Gläubiger seine Vermögenssubstanz — sein Warenlager und dergleichen — erhält. Die Geschäftsaufsicht muß zur Liquidierung des Geschäfts des Schuldners werden, falls auf andere Weise die Befriedigung der Verfahrensgläubiger nicht möglich ist. Diese hat gemäß § 5 in der Regel nach den Vorschriften der KO. zu erfolgen.

Die Vorschrift in Abs. 3 soll einmal die Aufsichtsperson zur fortgesetzten Beaufsichtigung des Schuldners und seines Geschäfts nötigen und überdies dem Gericht die Gewißheit verschaffen, daß die Geschäftsaufsicht ihre sachlichen Voraussetzungen auch im Verlaufe des Verfahrens nicht verloren hat, der Schuldner insbesondere auch nicht auf Kosten seiner Gläubiger lebt.

10. Im § 30 Abs. 1 wird im Satz 1 an Stelle der Worte „kann, wenn der Umfang der Geschäfte es erfordert" das Wort „hat" eingestellt und das Wort „bestellen" ersetzt durch die Worte „zu bestellen, es sei denn, daß der geringe Umfang der Geschäfte es entbehrlich erscheinen läßt".

Als Satz 3 wird folgende Vorschrift angefügt:

Die Gläubigerversammlung kann jederzeit eine anderweitige Zusammensetzung des Gläubigerbeirats beschließen; die Mehrheit berechnet sich nach § 25 Abs. 2 Satz 2.

Die obligatorische Bestellung eines Gläubigerbeirats, der nach § 32 aus mindestens 3 Mitgliedern zu bestehen hat, ist zur Förderung der Interessen der Gläubigerschaft bestimmt und durchaus geeignet. Seine Entbehrlichkeit in unbedeutenden Sachen hat sich in kleinen Konkursverfahren längst erwiesen. — Einer anderweiten Zusammensetzung des Beirats durch die Gläubigerversammlung muß das Gericht sich fügen.

11. § 66 Abs. 2 Nr. 2 erhält folgende Fassung:

wenn sich ergibt, daß die Voraussetzungen für die Anordnung der Geschäftsaufsicht nicht vorhanden waren, oder wenn die Voraussetzungen nachträglich weggefallen sind.

Absatz 3 erhält folgende Fassung:

Die Geschäftsaufsicht ist ferner aufzuheben,

1. wenn sich in einer Gläubigerversammlung die Mehrzahl der im Sinne der Vorschriften über den Zwangsvergleich beteiligten Gläubiger gegen die Fortdauer des Verfahrens erklärt; die Forderungen der Mehrzahl müssen bei entsprechender Anwendung der §§ 40, 46 und des § 47 Abs. 1 bis 3 wenigstens die Hälfte der Gesamtsumme der Forderungen der beteiligten Gläubiger betragen;

2. wenn der Schuldner nicht bis zum Ablauf der Frist von einem Monat seit der Anordnung einen den Erfordernissen des § 41 Abs. 1 genügenden Antrag auf Eröffnung des Vergleichsverfahrens einreicht. Die Frist kann auf Antrag des Schuldners verlängert werden, wenn er nachweist, daß die Mehrzahl der im Sinne der Vorschriften über den Zwangsvergleich beteiligten Gläubiger der Verlängerung zustimmt; die Forderungen der zustimmenden Gläubiger müssen nach der unter entsprechender Anwendung der §§ 40, 43 erfolgenden Schätzung des Gerichts wenigstens die Hälfte der Gesamtsumme der Forderungen der beteiligten Gläubiger betragen;
3. wenn drei Monate seit der Anordnung verstrichen sind; ist vorher ein Zwangsvergleich bestätigt worden, so endet die Frist nicht vor Rechtskraft der Entscheidung über den Zwangsvergleich. Die Frist kann auf Antrag des Schuldners verlängert werden, wenn er nachweist, daß drei Vierteile der im Sinne der Vorschriften über den Zwangsvergleich beteiligten Gläubiger der Verlängerung zustimmen; die Forderungen der zustimmenden Gläubiger müssen nach der unter entsprechender Anwendung der §§ 40, 43 erfolgenden Schätzung des Gerichts wenigstens drei Vierteile der Gesamtsumme der Forderungen der beteiligten Gläubiger betragen.

Die neue Fassung des Abs. 2 Nr. 2 dürfte hauptsächlich den Fall im Auge haben, daß die zunächst nicht gehörte Berufsvertretung die Voraussetzungen des § 1 nicht für gegeben ansieht und das Gericht sich dieser Ansicht ohne weiteres oder auf Grund neuerlicher Ermittlungen anschließt. Sonst dürfte heute eine unzulässige Anordnung einer Geschäftsaufsicht kaum noch in Frage kommen.

Die Vorschrift bringt in Abs. 3 verschiedene neue Aufhebungsgründe:

1. Beschluß einer Gläubigerversammlung (Abs. 3 Nr. 1).

Ihre Berufung bestimmt sich nach § 16. Gläubigerverzeichnis nach § 47 obligatorisch. Im übrigen gelten für die Abstimmung die Vorschriften des Vergleichsverfahrens, besonders §§ 40, 46, 47 Abs. 1 bis 3.

2. Nichteinreichung eines vorschriftsmäßigen Vergleichsvorschlags durch die Schuldner binnen Monatsfrist nach Geschäftsaufsichtsanordnung.

Die Frist von einem Monat kann jedoch nach § 41 Abs. 2 zur Nachholung fehlender Erfordernisse durch das Gericht verlängert werden. Es kann sich dabei jedoch immer nur um kleinere, leicht behebbare Mängel handeln; auch darf die Frist nur soweit verlängert werden, daß der Vergleichstermin in die dreimonatige Frist fällt.

Auch auf Antrag des Schuldners Fristverlängerung möglich, wenn er folgende doppelte Mehrheit nachweist: Mehrzahl der am Vergleichsverfahren (§ 33 Abs. 2) beteiligten Gläubiger und Summenmehrheit: mindestens die Hälfte der Gesamtforderungssumme nach Schätzung des Gerichts unter Beachtung von §§ 40, 43. Im übrigen gilt für die Fristverlängerung das zu 2 Gesagte.

3. Ablauf von drei Monaten seit Anordnung der Geschäftsaufsicht; vorherige Bestätigung eines Zwangsvergleichs verlängert die Frist bis zur Rechtskraft.

Auf Antrag des Schuldners Fristverlängerung auf bestimmte oder unbestimmte Zeit möglich, falls er folgende doppelte Mehrheit nachweist: drei Viertelle der am Vergleichsverfahren beteiligten Gläubiger und wenigstens drei Viertelle der Gesamtforderungssumme nach Schätzung des Gerichts (wie zu 2).

Ob diese Regelung den Anforderungen der Praxis genügend Rechnung trägt, dürfte zu bezweifeln sein; sie belastet auch Schuldner und Geschäftsaufsichtsperson mit viel unproduktiver Arbeit.

12. Im § 67 wird als Absatz 1 folgende Vorschrift eingestellt:

Von dem Eingang eines Antrags des Schuldners auf Aufhebung der Geschäftsaufsicht ist der Aufsichtsperson und den Mitgliedern des Gläubigerbeirats unverzüglich Kenntnis zu geben.

Der bisherige Abs. 1 wird Abs. 2. Der bisherige Abs. 2 wird gestrichen.

Diese Vorschrift ist ohne praktische Bedeutung; auf die vom Schuldner beantragte Aufhebung der Geschäftsaufsicht (§ 66 Abs. 1) haben weder Aufsichtsperson noch Gläubigerbeirat irgend welchen Einfluß. Aufsichtsperson und die Mitglieder des Beirats — diese als Gläubiger — erhalten ja auch von Aufhebung der Geschäftsaufsicht Mitteilung (§ 70). Zustellung des Aufhebungsbeschlusses an sie dürfte zweckmäßig sein; damit erledigt sich die Mitteilung nach § 70.

13. § 68 wird gestrichen.

Durch den Wegfall dieser Vorschrift, die dem Schuldner das Beschwerderecht gegen einen die Geschäftsaufsicht aufhebenden Gerichtsbeschluß einräumte, hat sich seine Rechtslage wesentlich verschlechtert. Diese Maßnahme deckt sich aber mit der Tendenz der ganzen Novelle (Beschränkung der Rechte des Aufsichtsschuldners zugunsten der Gläubiger).

14. Im § 70 werden zwischen den Worten „ist" und „Die" die Worte eingefügt: „, sowie in der vom Gerichte zu bestimmenden Art unter Angabe des Grundes der Beendigung öffentlich bekanntzumachen".

Die Beseitigung des Beschwerderechts des Schuldners gegen die — vielfach wider seinen Willen verfügte — Aufhebung der Geschäftsaufsicht ist an sich nicht gerechtfertigt, sie entspricht aber der Tendenz der neuen Vorschriften, die der Gläubigerschaft den maßgebenden Einfluß auf die Aufrechterhaltung der Geschäftsaufsicht und ihre Dauer einräumen.

15. § 78 erhält folgende Fassung:

Für das Verfahren der Geschäftsaufsicht und das Vergleichsverfahren wird je eine volle Gebühr (§ 8 des Gerichtskostengesetzes — Reichsgesetzbl. 1923 I S. 12, 813, 1186 —) erhoben. Die Gebühr ermäßigt sich auf die Hälfte, wenn der Antrag auf Anordnung der Geschäftsaufsicht oder auf Eröffnung des Vergleichsverfahrens zurückgenommen oder zurückgewiesen wird. § 43 des Gerichtskostengesetzes gilt entsprechend.

Für das Verfahren in der Beschwerdeinstanz wird, soweit die Beschwerde als unzulässig verworfen oder zurückgewiesen wird, die halbe Gebühr erhoben. In den Fällen des § 42 Abs. 3, § 59 Abs. 2 dieser Verordnung gelten die Vorschriften des § 43 des Gerichtskostengesetzes entsprechend.

Im übrigen finden die Vorschriften des fünften und sechsten Abschnitts des Gerichtskostengesetzes entsprechende Anwendung mit der Maßgabe, daß für die allgemeinen Benachrichtigungen der Glaubiger Schreib- und Postgebühren in vollem Umfang erhoben werden.

Daß auch das Geschäftsaufsichtsverfahren neben dem Vergleichsverfahren für kostenpflichtig erklärt worden ist, beseitigt endlich ein fast unverständliches Mißverhältnis zum Konkurse.

Artikel II.

Die Verordnung tritt mit dem Tage der Verkündung in Kraft. Sie findet auf die bei ihrem Inkrafttreten bestehenden Geschäftsaufsichten Anwendung. Jedoch kann die Aufhebung einer bestehenden Geschäftsaufsicht aus dem im § 66 Abs. 3 Nr. 2 bestimmten Grunde nicht vor Ablauf von zwei Wochen und aus dem im § 66 Abs. 3 Nr. 3 bestimmten Grunde nicht vor Ablauf von zwei Monaten seit dem Inkrafttreten erfolgen, es sei denn, daß die Geschäftsaufsicht nach der bisherigen Vorschrift des § 66 Abs. 3 zu einem früheren Zeitpunkt aufzuheben ist. Soweit dem Schuldner nach dem bisherigen Abs. 2 des § 67 bereits eine Nachfrist bestimmt war, bleiben die bisherigen Vorschriften maßgebend; jedoch kann eine weitere Verlängerung der Frist nur nach Maßgabe des § 66 Abs. 3 Nr. 3 erfolgen.

Die Veröffentlichung gemäß § 22 Abs. 1 Satz 2 ist bei einer bestehenden Geschäftsaufsicht alsbald nachzuholen; ist die Geschäftsaufsicht vor dem 1. Mai 1924 angeordnet worden, so kann das Gericht von der Veröffentlichung absehen.

Die Verordnung ist am 14. Juni 1924 in Kraft getreten. Daß sie auf die an diesem Tage bereits bestehenden Geschäftsaufsichten entsprechende Anwendung zu finden hat, ist eine sich eigentlich von selbst verstehende Vorschrift.

Alle alten Geschäftsaufsichten haben jedoch Anspruch auf einmonatige Dauer. Die Frist von 2 Wochen gilt also nur für diejenigen, welche am 28. Juni schon einen Monat bestanden. — Dauer der Geschäftsaufsicht berechnet sich nach § 187 Abs. 1 BGB.

Im übrigen gelten die in § 66 Abs. 3 Nr. 2 u. 3 bestimmten Aufhebungsgründe mit der Maßgabe, daß

a) an Stelle der einmonatigen, von Anordnung der Geschäftsaufsicht zu berechnenden Frist der 28. Juni 1924 für alle an diesem Tage mindestens einen Monat bestehenden Geschäftsaufsichten tritt;
b) an Stelle der dreimonatigen Frist als Tag des Ablaufs der 14. August 1924 — Endtermin der zweimonatigen Frist nach Inkrafttreten der Verordnung — zu treten hat.

Für öffentliche Bekanntmachungen gilt im übrigen das zu § 22 Gesagte. Macht das Gericht von der Ermächtigung des letzten Satzes Gebrauch, so ist auch keine Veröffentlichung der Aufhebung nötig.

Gedruckt bei A. W. Hayn's Erben, Potsdam

April 1926

Guttentagsche Sammlung

Deutscher Reichs- u. Preußischer Gesetze

Textausgaben

mit Anmerkungen und Sachregister — Taschenformat — Gebunden

A. Reichsgesetze.

Nr. 1. **Verfassung des Deutschen Reichs** siehe Nr. 137.

Nr. 2. **Strafgesetzbuch.** Von Fr. v. Liszt und E. Delaquis. 26. Auflage von E. Kohlrausch. — 1922. (Nachtrag, enth. das Ges. z. Schutz der Deutschen Republik, Geldstrafengesetz, Jugendgerichtsgesetz, Preistreibereiverordnung. 1924.) Rm 4,—

Nr. 3. **Militärstrafgerichtsordnung.** Von A. Romen und E. Rissom. 2. Auflage. — 1918. Rm 5,—

Nr. 4. **Handelsgesetzbuch** ohne Seerecht. Von Litthauer und Mosse. 17. Aufl. Von E. Heymann. Gr.-Oktav. — 1926.

Nr. 5. **Wechselordnung.** Von J. Stranz und M. Stranz. 12. Auflage. — 1923. Mit Nachtrag, enthaltend **Wechselstempelgesetz und Scheckgesetz.** — 1926. Rm 3,50

Nr. 6. **Reichsgewerbeordnung** nebst Ausf.-Best. Von Fr. Hiller u. H. Luppe. 20. Auflage. — 1921. Mit Nachtrag, enth. alle Änderungen und Neuerungen bis Ende 1924. Rm 6,— Nachtrag einzeln Rm 1,50.

Nr. 7. **Post- und Telegraphen-Gesetzgebung.** Von M. König. 6. Auflage. Vergriffen.

Nr. 8. **Unterstützungswohnsitz.** Siehe **Fürsorgepflicht** von Sandré. Nr. 160.

Nr. 9. Sammlung **kleinerer strafrechtlicher Reichsgesetze.** Von R. H. Kriegsmann. 3. Auflage. — 1910. Rm 4,—

Nr. 10. **Reichsbeamtengesetz** siehe Nr. 82.

Nr. 11. **Zivilprozeßordnung mit Gerichtsverfassungsgesetz.** Von R. Sydow. Fortgef. v. L. Busch u. Krantz. 19. Aufl. Gr.-Okt. 1926. Im Druck.

Nr. 12. **Strafprozeßordnung und Gerichtsverfassungsgesetz.** Von E. Kohlrausch. 20. Auflage. — 1925. Rm 7,—

Walter de Gruyter & Co.

vormals G. J. Göschen'sche Verlagshandlung — J. Guttentag, Verlagsbuchhandlung — Georg Reimer — Karl J. Trübner — Veit & Comp.

Berlin W 10, Genthiner Straße 38.

IV. 26. — 15 000.

Nr. 13. Konkurs-O. u. Anfechtungs-G. Von R. Sydow. Fortgef. von L. Busch und O. Krieg. 14. Auflage. — 1926. Im Druck.

Nr. 14. Gerichtsverfassungsgesetz. Von R. Sydow. Fortgeführt von L. Busch. 10. Auflage. 1925. Rm 6,—

Nr. 15. Das deutsche Gerichtskostengesetz. Von R. Sydow. Fortgeführt von L. Busch und F. Koehler. 11. Auflage. In Bearbeitung.

Nr. 16. Rechtsanwaltordnung. Von R. Sydow. 5. Auflage v. M. Jacobsohn. Mit Nachtrag von 1910. — 1907. Vergriffen.

Nr. 17. Gebührenordn. f. Rechtsanw. u. d. Preuß. Gebührengesetz. Von R. Sydow. Fortgeführt v. L. Busch u. O. Krieg. 13. Auflage. In Bearbeitung.

Nr. 18. Reichsstempelgesetz. Von P. Loeck. Vergriffen. Wird durch Kapitalverkehrssteuergesetz ersetzt. Erläuterte Ausgabe in Bearbeitung.

Nr. 19. Die Seegesetzgebung. Von W. E. Knitschky. 5. Auflage von O. Rudorff. — 1913. Rm 8,—

Nr. 20. Krankenversicherungsgesetz siehe **Nr. 107, 161.**

Nr. 21. Die Konsulargesetzgebung. Von Ph. Zorn. 8. Auflage von K. Zorn. — 1911. Rm 4,50

Nr. 22. Patentgesetz. Von R. Lutter. 8. Auflage. — 1920. Mit Nachtrag. — 1924. Rm 4,—. Nachtrag apart Rm 0,40

Nr. 23. Gewerbe-Unfallversicherungsgesetz s. **Nr. 108, 161a.**

Nr. 24. Aktiengesellschaft u. Kommanditgesellschaften auf Aktien. Von H. Keyßner und H. Veit Simon. 7. Aufl. In Bearbeitung.

Nr. 25. Brausteuergesetz. Von A. Düffe. 2. Aufl. — 1910. Rm 2,— (Siehe auch Reichsgesetz Nr. **54** Bd. II.)

Nr. 26. Münz- und Notenbankwesen. Von R. Koch. 7. Aufl. von Reichsbankpräsident Schacht. 1925. Rm 14,—

Nr. 27. Gesundheitswesen im Deutschen Reich. Von E. Goesch und J. Karsten. — 1888. Vergriffen.

Nr. 28. Bau-Unfallversicherungsgesetz siehe **Nr. 108.**

Nr. 29. Erwerbs- und Wirtschaftsgenossenschaften. Von L. Parisius und H. Crüger. 18. Auflage. — 1925. Rm 4,—

Nr. 30. Invalidenversicherungsgesetz s. **Nr. 109, 161** u. **161a.**

Nr. 31. Gewerbegerichtsgesetz. Von W. Cuno. Vergriffen, Siehe auch **Nr. 112, 112a.**

Nr. 32. Gesellschaften mit beschränkter Haftung. Von L. Parisius u. H. Crüger. 17. Aufl. — 1926. Zirka Rm 3,—

Nr. 33. Vereins- und Versammlungsrecht. Von E. Ball. 3. Auflage von F. Friedenthal. — 1907. Rm 2,—

Reichs-Vereinsgesetz vom 19. April 1908 siehe **Nr. 88.**

Nr. 34. Die Abzahlungsgeschäfte. 3. Auflage von E. Wilke. — 1910. Rm 1,20

Nr. 35. **Die Reichs-Eisenbahngesetzgebung.** Von W. Coermann. — 1895. (Siehe auch Nr. 66.) Rm 2,—

Nr. 36. **Privatrechtliche Verhältnisse der Binnenschiffahrt und Flößerei.** Von E. Löwe. 6. Auflage. — 1923. Rm 4,—

Nr. 37. **Unlauterer Wettbewerb.** Von A. Pinner. 7. Auflage von A. Elster. — 1921. Rm 1,40

Nr. 38/39. **Bürgerliches Gesetzbuch nebst Einführungsgesetz.** Von A. Achilles. In Verbindung mit F. André, O. Meyer, O. Strecker, K. v. Unzner herausgegeben von M. Greiff. 12. Auflage. — 1926. Im Druck.

Nr. 40. Gesetz, betr. die **Pflichten der Kaufleute bei Aufbewahrung fremder Wertpapiere [Depotgesetz].** Von F. Lusensky. 3. Auflage. — 1916. Mit Nachtrag 1924. Rm 1,—

Nr. 41. **Börsengesetz.** Von Th. Hemptenmacher. 3. Auflage von O. Meyer. — 1915. Rm 3,50

Nr. 42. **Grundbuchordnung.** Von O. Fischer. 8. Auflage. — 1924. Rm 3,—

Nr. 43. **Zwangsvollstreckung.** Von J. Krech und O. Fischer. 9. Auflage von O. Fischer. — 1922. Rm 3,50

Nr. 44. **Auswanderungswesen.** Von F. Stoerk. — 1899. Rm 2,—

Nr. 45. **Entmündigungsrecht.** Von P. Koll. — 1900. Rm 1,20

Nr. 46. **Freiwillige Gerichtsbarkeit.** Von H. Jastrow. 6. Auflage von Herm. Günther. — 1921. Rm 4,50

Nr. 47. **Deutsches Vormundschaftsrecht.** Von M. Schultzenstein und P. Köhne. 2. Auflage. — 1901. Rm 2,50

Nr. 48. Gesetze, betr. den **Drogen-, Gift- und Farbenhandel** außerhalb der Apotheken. Von J. Broh. — 1899. Rm 1,20

Nr. 49. **Deutsche Kolonialgesetzgebung.** Von Ph. Zorn. 2. Auflage von Sassen. — 1913. Rm 5,—

Nr. 50. **Der Viehkauf [Viehgewährschaft].** Von H. Stölzle und H. Weiskopf. 6. Auflage. — 1926. Rm 15,—

Nr. 51. **Hypothekenbankgesetz.** Von H. Göppert. 2. Auflage von Seidel. — 1911. Mit Nachtrag. 1926. Rm 2,20

Nr. 52. **Rechte der Besitzer v. Schuldverschreibungen.** Von H. Göppert. 2. Aufl. v. E. Trendelenburg. — 1915. Rm 1,50

Nr. 53. **Reichspreßgesetz.** Von A. Born. 3. Auflage. — 1924. Rm 4,—

Nr. 54. Verkehr mit **Nahrungsmitteln, Genußmitteln und Gebrauchsgegenständen.** Von G. Lebbin. — 2. Aufl. in 2 Bänden.

Bd. II. **Getränkegesetze** und **Getränkesteuergesetze** (Wein, Bier, Branntwein, Mineralwasser). Unter Mitwirkung von Dr. Kniebe. Rm 10,—

Nr. 55. **Beschlagnahme von Lohn- und Gehaltsforderungen.** Von G. Meyer. 5. Auflage. — 1914. Durch Nachträge ergänzt 1925. (Nachträge allein Rm 0,70) Rm 2,30

Nr. 56. **Bekämpfung gemeingefährlicher Krankheiten.** Von B. Burkhardt. — 1900. Rm 1,20

Nr. 57. **See-Unfallversicherungsgesetz** siehe Nr. **108** u. **161 a**.

Nr. 58. **Recht der unehelichen Kinder.** Von H. Jastrow. — 1901. Mit Nachtrag 1925. Rm 1,60

Nr. 59. **Beurkundung des Personenstandes und die Eheschließung.** Von F. Fidler. 2. Auflage. — 1912. Rm 2,30

Nr. 60. **Das Urheberrecht an Werken der Literatur und der Tonkunst.** Von O. Lindemann. 4. Auflage. — 1921. Rm 1,80

Nr. 61. **Verlagsrecht.** Von B. Marwitz. 3. Auflage. — 1922. Rm 1,60

Nr. 62. **Private Versicherungsunternehmungen.** Von H. Könige. 3. Auflage. In Bearbeitung.

Nr. 63. **Gesetzestafel des deutschen Reichsrechts.** Von H. Bruhns. 2. Auflage. — 1913. Rm 3,—

Nr. 64. Gesetzsammlung, betr. den **Handel mit Drogen und Giften.** Von H. Sonnenfeld. 3. Auflage. — 1926.

Nr. 65. **Weingesetz.** Von G. Lebbin. 2. Aufl. — 1909. Rm 2,— (Siehe auch Reichsgesetz Nr. **54** Bd. II.)

Nr. 66. **Die Eisenbahn-Gesetzgebung.** Von W. Pietsch. 2. Auflage. — 1913. (Siehe auch Nr. 91.) Vergriffen.

Nr. 67. **Militär-Strafgesetzbuch.** Von A. Romen und C. Rissom. 3. Auflage. — 1918. Rm 5,—

Nr. 68. **Fleischbeschaugesetz.** Von G. Lebbin und G. Baum. — 1903. Vergriffen.

Nr. 69. Reichsgesetz über die **Naturalleistungen der bewaffneten Macht im Frieden.** Von W. v. Hippel. — 1903. Rm 1,—

Nr. 70. **Das Reichs-Haftpflichtgesetz.** Von G. Eger. — 1903. Vergriffen. — (Als Ersatz Kommentar von Seligsohn. — 1920. Rm 8,—, geb. Rm 9,50)

Nr. 71. **Kinderarbeit in gewerblichen Betrieben.** Von H. Spangenberg. 2. Auflage. — 1904. Rm 1,20

Nr. 72. **Unfallversicherungsgesetz** siehe Nr. **108** und **161 a**.

Nr. 73. **Entschädigung für unschuldig erlittene Verhaftung und Bestrafung.** Von A. Romen. — 1904. Rm 1,70

Nr. 74. **Die Kaufmannsgerichte.** Von M. Apt. 3. Auflage. — 1904. (Siehe auch Nr. **112** und **112 a**.) Vergriffen.

Nr. 75. **Konsulargerichtsbarkeit.** Von A. F. Vorwerk. 2. Ausgabe, mit den Schutzgebietsgesetzen. — 1908. Rm 1,60

Nr. 76. **Die Rechtshilfe im Verkehr mit den ordentlichen Gerichten.** Von A. Friedländer. — 1906. Rm 1,50

Nr. 77. **Das Erbschafts-StG.** Von B. Hendel. 1920. Rm 5,— Neue Fassung v. H. Schachian. 3. Auflage. — 1925. Rm 2,50

Nr. 78. **Zigarettensteuergesetz.** Von Cuno. Vergriffen.

Nr. 79. **Die Militärpensionsgesetze.** Von A. Romen.
a) I. Teil: **Offizierpensionsgesetz.** — 1907. Rm 2,—
b) II. Teil: **Mannschaftsversorgungsgesetz.** Mit **Kapitalabfindungsgesetz.** — 1908. Rm 2,—
Militärversorgungsgesetze siehe auch Nr. 152 und 152a.

Nr. 80. **Gerichtliche Registerführung.** Von O. Lindemann. — 1906. Rm 2,40

Nr. 81. **Urheberrecht an Werken der bildenden Künste und der Photographie.** Von L. Fuld. 2. Auflage. — 1926. Rm 6,—

Nr. 82. **Reichsbeamtengesetz.** Von A. Arndt. 3. Auflage. — 1923. Mit Nachtrag, enth. die Änderungen bis 1924. Rm 3,50

Nr. 83. **Versicherungsvertrag.** Von P. Hager und E. Bruck. 5. Auflage. — 1926. Rm 14,—

Nr. 84. **Sammlung kleinerer privatrechtlicher Reichsgesetze.** Von G. Müller. — 1908. Rm 5,50

Nr. 85. **Scheckgesetz.** Neue Auflage im Druck. (Siehe auch Reichsgesetze Nr. 5 und 162.)

Nr. 86. **Die Auslieferungsverträge des Deutschen Reiches.** Von A. Cohn. — 1908. Rm 4,—

Nr. 87a. **Das deutsche Warenzeichenrecht.** Von Freund und Magnus. 6., neubearb. Aufl. von Jüngel und Magnus. Teil I: **Die internationalen Verträge.** — 1924. Rm 9,—

Nr. 88. **Vereinsgesetz.** Von A. Romen. 5. Aufl. — In Bearb.

Nr. 89. **Vogelschutzgesetz.** Von L. v. Borberger. — 1909. Rm 1,—

Nr. 90. Die Haager Abkommen über das **Internationale Privatrecht.** Von G. Bogeng. — 1908. Rm 2,—

Nr. 91. **Eisenbahn-Verkehrsordnung.** Von E. Blume. 3. Auflage von Weirauch. Neue Auflage in Bearbeitung.

Nr. 92. **Verkehr mit Kraftfahrzeugen.** Von R. Kirchner. 8. Auflage. — 1915. Mit Nachtrag, enth. alle Neuerungen bis Ende 1925. Rm 5,—. (Nachtrag einzeln Rm 1,50)

Nr. 93. **Sicherung der Bauforderungen.** Von E. Harnier. 3. Auflage. — 1912. Rm 1,50

Nr. 94. **Die Beamtenhaftpflichtgesetze des Reiches und der Länder.** Von H. Delius. 3. Auflage. — 1921. Rm 3,20

Nr. 95. Die Berner Übereinkunft über **Internationales Urheberrecht.** Von H. Dungs. — 1910. Rm 1,—

Nr. 96. **Branntweinsteuergesetz.** — **Branntweinmonopolgesetz** siehe Nr. 54 Bd. II.

Nr. 97. **Schutzgebietsgesetz.** Von J. Gerstmeyer. — 1910. Rm 2,50

Nr. 98. **Sechs Haager Abkommen über Internationales Privatrecht.** Von H. Dungs. — 1910. Rm 1,50

Nr. 99. **Die Abkommen d. Haager Friedenskonferenz.** Vergr. Jetzt: Wehberg, **Völkerbundakte.** Rm 4,— (Außerh. d. Samml.)

Nr. 100. **Kaligesetz.** Von B. Voelkel. — 1910. Rm 2,40

Nr. 101. **Zuwachssteuergesetz.** Von W. Cuno. — Vergriffen.

Nr. 102. **Urheberrecht an Mustern und Modellen und Schutz von Gebrauchsmustern.** Von J. Neuberg. — 1911. Rm 2,40

Nr. 103. **Reichs-Viehseuchengesetz.** Von W. v. Hippel. 2. Auflage. — 1912. Rm 4,—

Nr. 104. **Versicherungsgesetz für Angestellte** siehe Seite 12.

Nr. 105. **Das Geldwesen in den deutschen Schutzgebieten.** Von W. Hintze. — 1912. Rm 1,80

Nr. 106—109. **Reichs-Versicherungsordnung.** Von F. Caspar und A. Spielhagen. 1913—1921. 4 Bände. Komplett. Rm 18,—

Reichsversicherungsordnung in neuester Fassung von K. Lippmann s. Nr. 161 und 161a.

Nr. 110. **Wehrbeitragsgesetz.** Von A. Fernow. 2. Auflage. — 1913. Rm 1,60

Nr. 111. **Reichs- und Staatsangehörigkeitsgesetz.** Von A. Romen. 2. Auflage. In Bearbeitung.

Nr. 112. **Kaufmannsgerichtsgesetz.** Von H. Depène. — 1914. Rm 2,60

Nr. 112a. **Kaufmanns- u. Gewerbegerichtsgesetz nebst Schlichtungsordnung.** (Ergbd. z. Nr. 112.) V. H. Depène. 1924. Rm 3,50

Die Nr. 112 u. 112a enthalten zusammen den vollständigen Text des Gewerbegerichtsgesetzes.

Nr. 113. **Postscheckgesetz.** Von J. Weiland. — 1914. Mit Nachtrag 1918. Rm 1,50

Nr. 113a. **Postscheckordnung.** Von J. Weiland. — 1914. Mit Nachtrag 1918. Rm 1,50

Nr. 114. **Waffengebrauch und Festnahmerecht des Militärs.** Von A. Romen und C. Rissom. — 1914. Rm 1,80

Nr. 115. **Das vertragliche Wettbewerbsverbot [Konkurrenzklausel].** Von G. Baum. — 1914. Rm 3,—

Nr. 116. **Kriegs-Zivil- u. Finanzgesetze.** 3. Aufl. — 1915. Rm 1,50

Nr. 116a. Zweite Folge: Jahr 1915. — 1916. Rm 1,20

Nr. 117. **Darlehnskassengesetz.** — 1915. Rm 1,80

Nr. 118. **Militärhinterbliebenengesetz.** Von Rey. Mit **Kapitalabfindungsgesetz.** — 1915. (Siehe auch Nr. 152, 152a und 160.) Rm 2,20

Nr. 119. **Kriegsleistungsgesetz.** Vergriffen.
Nr. 120. **Telegraphenwegegesetz.** Von Wolf. — 1916. Rm 1,—
Nr. 121. **Direkte Kriegssteuer.** Von A. Mrozek. 1916. Rm 3,50
Nr. 122. **Belagerungszustand.** Von H. Pürschel. 1916. Rm 3,50
Nr. 123. **Warenumsatzstempel.** Von Lindemann. — 1916. (**Umsatzsteuergesetze** siehe Nr. 132.)
Nr. 124. **Todeserklärung Kriegsverschollener.** Von J. Partsch. — 1917. Rm 2,—
Nr. 125. **Vaterländischer Hilfsdienst.** 3. Auflage. — 1917. Rm 1,—
Nr. 126. **Besitzsteuergesetz.** Von A. Mrozek. Vergriffen.
Nr. 127. **Geschäftsaufsicht zur Abwendung des Konkurses.** Von G. Klien u. Ernst Jaeger. — 1917. Durch Nachträge ergänzt. Rm 3,—
Nr. 128. **Verhaftung und Aufenthaltsbeschränkung.** Von A. Romen. — 1917. Rm 1,20
Nr. 129. **Zivilrechtkriegsgesetze.** Von Fischer. — 1918. Rm 1,50
Nr. 130. **Ersatzlebensmittelverordnung.** — 1918. Rm 1,50
Nr. 131 a. **Reichsfinanzgesetzgebung 1918.** Bd. I. **Getränkesteuern.** Von G. Mayer. — 1918. Rm 2,50
Nr. 131 b. **Reichsfinanzgesetzgebung 1918.** Bd. II. **Einkommen, Umsatz** usw. Von G. Mayer. — 1919. Rm 1,50
Nr. 132. **Umsatzsteuergesetz.** Von Otto Lindemann. 4. Auflage. — 1926. Rm 10,—
Nr. 133. **Reichswuchergesetzg.** Von Ad. Lobe. — 1918. Rm 2,80
Nr. 134. **Der Ostfrieden.** Von Karl Strupp. — 1918. Rm 3,—
Nr. 135. **Erbbaurecht.** Von H. Günther. — 1919. Rm 2,—
Nr. 136. **Militärverf.-Ges.** Von H. Günther. — 1919. Rm 2,30
Nr. 137. **Reichsverfassung.** Von Arndt. 2. Aufl. — 1921. Rm 2,50
Nr. 138 a. **Arbeiterschutz und Arbeitsrecht.** Von A. Günther. 1920. Rm 5,—
Nr. 138 b. **Betriebsrätegesetz.** Von A. Günther. — 1920. Vergr.
Nr. 139. **Grunderwerbsteuergesetz.** Von Otto Lindemann. 2. Auflage. — 1926. Im Druck.
Nr. 140. **Die Siedelungsgesetzgebung im Reich und in Preußen.** Von W. Holzapfel. — 1920. Rm 3,—
Nr. 141. **Sozialisierungsgesetze.** Von Reier. — 1920. Rm 2,20
Nr. 142. **Wirtschaftliche Demobilmachung.** Von Gg. Fischbach. — 1920. Rm 1,—
Nr. 143. **Reichsabgabenordnung.** Von Nieberl. — 1922. Mit Nachtrag, enth. die Änderungen von 1924. Rm 4,—
Nr. 144. **Versicherungsgesetz für Angestellte.** Von Lippmann. — 1920. Neue Fassung siehe S. 12.

Nr. 145. **Steuer- und Kapitalflucht.** Von E. H. Meyer. 2. Auflage. — 1921. Rm 1,60

Nr. 146. **Tabaksteuergesetz.** Von Wündisch. — 1920. Mit Nachtrag 1925. Rm 4,—

Nr. 147. **Filmzensur.** Von Szczesny. — 1920. Rm 1,50

Nr. 148. **Reichsausgleichsgesetz.** Von Decke. — 1920. Rm 1,50

Nr. 149. **Reichsnotopfergesetz.** Von Friedmann und Wrzeszinsky. — 1921. Rm 4,—

Nr. 150. **Reichsschädengesetze.** Von Adolf Hohenstein und Wenzel Goldbaum. — 1922. Rm 4,—

Nr. 151. **Einkommensteuer und Körperschaftsteuer.** Von Hollaender. — 1926. Im Druck.

Nr. 152. **Wohlfahrtsgesetze.** Von Behrend und Stranz-Hurwitz. Teil I. 1923. Rm 5,—

Nr. 152a. Desgl. Teil II. 1925. Rm 9,—

Nr. 152 und 152a zusammen bezogen Rm 12,—

Nr. 153. **Zwangsanleihegesetz.** Von Simon und Beutner. 1923. Rm 8,—

Nr. 154. **Jugendwohlfahrtsgesetz und Jugendgerichtsgesetz.** Von Drewes und Sandré. — 1923. Mit Nachtrag, enth. die Ergänzungen bis April 1924. Rm 6,—

Nr. 155. **Reichsknappschaftsgesetz.** Von Max Reuß und Fritz Hense. 2. Auflage. — 1926. In Bearbeitung.

Nr. 156. **Mietrecht und Wohnungsmangelgesetz.** Von Krieg. 3. Auflage. — 1925. Rm 7,—

Nr. 157. **Dritte Steuernotverordnung v. 14. 2. 1924** mit den **Vorschriften über Aufwertung.** 2. Auflage unter dem Titel: **Aufwertungsgesetze.** Von Michaelis. Rm 16,—

Nr. 158. **Strafprozeßordnung.** Alte und neue Fassung synoptisch gegenübergestellt. Von Reichsanwalt Feisenberger. — 1924. Rm 4,50

Nr. 159. **Industriebelastungsgesetz.** Von Höpker. Rm 4,—

Nr. 160. **Fürsorgepflicht.** Von Sandré. Rm 6,—

Nr. 161. **Reichsversicherungsordnung.** Von Lippmann. Rm 11,—

Nr. 161a. Desgl. **Ergänzungsband,** enthaltend die neue Fassung des **Unfallversicherungsgesetzes** sowie die Änderungen der übrigen Bücher der RVO. Von Lippmann. Rm 4,—

Nr. 162. **Handelsrechtliche Nebengesetze.** Von Schreiber. — 1926. Rm 14,—

Nr. 163. **Notariatsrecht.** Von Szkolny. — 1925. Rm 8,50

Nr. 164. **Aufwertung von Versicherungsansprüchen.** Von Berliner und Pfaffenberger. Rm 6,50

B. Preußische Gesetze.

Nr. 1. **Die Verfassung des Freistaats Preußen.** Von A. Arndt. — 1921. Rm 2,—
Ausführlicher Kommentar von Stier-Somlo.—1921. Rm 5,—

Nr. 2. **Preußische Beamten-Gesetzgebung.** Von K. Pfafferoth. 5. Auflage. — 1916. Rm 2,40

Nr. 3. **Notteſtamente.** Von E. Kurtz. — 1904. Rm 1,50

Nr. 4. **Gebührenordnung für Notare.** Vom 28. Oktober 1922. Von Rausnitz. 6. Auflage. — 1925. Rm 7,—

Nr. 5—9 vergriffen.

Nr. 10. **Einkommensteuergesetz** siehe Reichsgesetze Nr. 151.

Nr. 11. **Gewerbesteuergesetz.** Von A. Fernow. Vergriffen.

Nr. 12. **Allgemeines Berggesetz.** Von Schlüter und Hense. 4. Auflage. — In Vorbereitung.

Nr. 13. **Ergänzungssteuergesetz.** Von A. Fernow. 5. Aufl. Rm 3,—

Nr. 14. **Kommunalabgabengesetz.** Von F. Adickes. 6. Auflage von Falk. — 1922. Rm 3,50

Nr. 15. **Die Kreisordnungen.** Von O. Kolisch. — 1894. Vergriffen.

Nr. 16. **Konzessionierung gewerblicher Anlagen.** Von W. v. Rüdiger. 2. Auflage. — 1901. Vergriffen.

Nr. 17. **Preußisches Gerichtskostengesetz.** Von P. Siméon. 8. Auflage. In Vorbereitung.

Nr. 18. **Preußisches Stempelsteuergesetz.** Von P. Loeck und W. Seyffarth. 10. Auflage von Eiffler. — In Bearbeitung.

Nr. 19. **Jagdscheingesetz.** Von F. Kunze. 2. Aufl. — 1899. Rm 2,—

Nr. 20. **Die preußischen Erbschaftssteuergesetze.** Von U. Hoffmann. — 1905. Rm 3,—
(**Reichs-Erbschaftssteuergesetz** siehe Seite 12.)

Nr. 21. **Handelskammern.** Von F. Lusensky. 2. Auflage. — 1909. Rm 3,—

Nr. 22. **Anstellung und Versorgung der Kommunalbeamten.** Von W. Ledermann. 2. Auflage von L. Brühl. — 1914. Rm 2,—

Nr. 23. **Ausführungsgesetze zum Bürgerlichen Gesetzbuche.** Von P. Siméon. 3. Auflage. — 1914. Rm 2,20

Nr. 24. Die Hinterlegungsordnung (1879). Von G. Bartels. 2. Auflage. — 1908. Rm 2,—
Abänderungsgesetz vom 21. April 1913 siehe Nr. 53.

Nr. 25. Preußische Kommunalbeamtengesetzgebung. Von F. Kremski. — 1901. Rm 3,—

Nr. 26. Diensteinkommen der Lehrer und Lehrerinnen. Von C. Cremer. — 1900. Rm 2,20

Nr. 27. Warenhaussteuer. Von G. Strutz. — 1900. Rm 1,20

Nr. 28. Die Fürsorgeerziehung Minderjähriger. Von P. F. Aschrott. 3. Auflage. — 1917. Rm 2,80

Nr. 29. Ärztliche Ehrengerichte, das Umlagerecht und die Kassen der Ärztekammern. Von F. Fidler. — 1901. Rm 1,50

Nr. 30. Preußisches Staatsschuldbuch und **Reichsschuldbuch.** Von J. Mücke. — 1902. Rm 2,—

Nr. 31. Die preußischen Gesindeordnungen. Zwei Bände. Von St. Gerhard.

31 a. Altpreußische Provinzen und Rheinland. 2. Auflage. — 1914. Rm 3,—

31 b. Hannover, Schleswig-Holstein, Hessen-Nassau und Hohenzollern. — 1902. Rm 2,50

Nr. 32. Städteordnung. Von W. Ledermann und L. Brühl. 2. Auflage. — 1913. Rm 6,—

Nr. 33. Rentenguts- und Anerbenrechts-Gesetzgebung. Von M. Peltasohn und B. Peltasohn. — 1903. Vergriffen.

Nr. 34. Sammlung der wichtigsten **preußischen Strafgesetze.** Von Lindemann. 2. Auflage. — 1912. Rm 3,50

Nr. 35. Geschäftsordnung für Gerichtsvollzieher Von C. Exner. — 1904. Rm 3,—

Nr. 36. Polizeiverordnungen in Preußen. Von O. Lindemann. — 2. Auflage. 1912. Rm 2,50

Nr. 37. Enteignung von Grundeigentum. Von O. Meyer. 2. Auflage. — 1911. Vergriffen.

Nr. 38. Kreis- und Provinzial-Abgabengesetz. Von F. Schmidt. — 1906. Rm 1,20

Nr. 39. Unterhaltung der öffentlichen Volksschulen. Von A. Marcks. — 1906. Rm 1,80

Nr. 40. Verwaltungsstrafverfahren. Von R. Katzenstein. — 1907. Rm 3,50

Nr. 41. Die preußischen Jagdpolizeigesetze. Von F. Kunze und R. Kühnemann. 2. Auflage. — 1907. Vergriffen.

Nr. 42. **Allgemeine Landesverwaltung und Zuständigkeit der Verwaltungs- und Verwaltungsgerichtsbehörden.** Von K. Friedrichs. 2. Auflage. — 1921. Rm 3,—

Nr. 43. **Verschuldungsgrenze** für land- und forstwirtschaftlich benutzte Grundstücke. Von R. Leweck. — 1908. Rm 2,40

Nr. 44. **Quellenschutzgesetz.** Von E. Voelkel. — 1909. Rm 1,—

Nr. 45. **Rechtsverhältnisse der Juden in Preußen.** Von M. Kollenscher. — 1910. Rm 2,40

Nr. 46. **Austritt aus der Landeskirche.** Von H. Caro. — 1911. Rm 2,40

Nr. 47. **Feuerbestattung.** Von W. Lohmann. — 1912. Rm 1,50

Nr. 48. **Zweckverbandsgesetz für Groß-Berlin.** Von L. Brühl, K. Gorban und W. Lebermann. — 1912. Rm 4,—

Nr. 49. **Gesetze gegen die Verunstaltung landschaftlich hervorragender Gegenden.** Von O. Goldschmidt. — 1912. Rm 2,40

Nr. 50. **Gesetz, betr. die Anlegung und Veränderung von Straßen und Plätzen in Städten und ländlichen Ortschaften.** Von O. Meyer. — 1913. Rm 3,—

Nr. 51. **Das preußische Disziplinargesetz für die nichtrichterlichen Beamten.** Von E. v. Dultzig. — 1914. Rm 4,20

Nr. 52. **Preußisches Wassergesetz.** Von G. Wulff und F. Herold. — 1913. Rm 4,50

Nr. 53. **Hinterlegungsordnung** von 1913. Von Hagemann. — 1914. Rm 2,20

Nr. 54. **Anlegung von Sparkassenbeständen in Inhaberpapieren.** Von H. Döhring. — 1914. Rm 2,80

Nr. 55. **Preußisches Wohnungsgesetz.** Von B. Schmittmann. — 1918. Rm 2,60

Nr. 56. **Das preußische Tumultschadengesetz.** Von Bruno Friedländer. — 1919. Rm 0,80

Nr. 57. Gesetz über **Landeskulturbehörden.** Von W. Holzapfel. — 1919. Rm 2,—

Nr. 58. **Arbeitsnachweis.** Von P. Wölbling. — 1920. Rm 1,—

Nr. 59. **Bildung der neuen Stadtgemeinde Berlin.** Von P. Wölbling. 2. Auflage. — 1920. Rm 1,40

Nr. 60. **Umlegungsordnung.** Von W. Holzapfel. — 1921. Rm 1,80

Nr. 61. **Preußische Verwaltungsgebührenordnung.** Von K. Eiffler. Mit Nachtrag. — 1925. Rm 6,—

C. Textausgaben

ohne Anmerkungen mit Sachregister.

Aufwertungsgesetze mit Einleitung. Von Michaelis. Rm 1,50
Betriebsrätegesetz. Vergriffen.
Bürgerliches Gesetzbuch. 14. Auflage. Rm 5,—
Erbschaftssteuergesetz. Neue Fassung von H. Schachian. 3. Auflage. Rm 2,50
Freiwillige Gerichtsbarkeit. — 1920. Rm 1,—
Handelsgesetzbuch mit **Seerecht.** 11. Auflage. — 1924. Rm 2,60
Konkursordnung. 2. Auflage. — 1915. Mit Nachtr. 1925. Rm 1,—
Militärstrafgerichtsordnung m. **Einführungsges.** — 1901. Rm 1,80
Militär-Strafgesetzbuch. 2. Auflage. — 1916. Rm 0,50
Reichsfinanzgesetze von 1909. — 1909. Rm 2,60
Reichsmietengesetz. — 1922. Rm 0,50
Reichsnotopfergesetz. Vergriffen.
Reichssteuergesetze 1925 (Steuerüberleitungsgesetz mit Durchführungsbestimmungen — Einkommensteuer, Körperschaftsteuer, Reichsbewertungsgesetz, Vermögensteuer, Erbschaftssteuer). Rm 4,—
Reichsversicherungsordnung. Vergriffen.
Strafgesetzbuch. — 1925. Rm 3,—
Strafprozeßordnung. 5. Auflage. — 1924. Rm 2,50
Umsatzsteuergesetz. — 1920. Vergriffen.
Verkehrs- u. Kohlensteuer u. Kriegssteuerzuschlag. 1917. Rm 0,60
Verfassung des Deutschen Reiches. Vergriffen.
Verfassung des Freistaates Preußen. Rm 0,60
Versicherungsgesetz für Angestellte. — 1924/25. Rm 2,—
Wechselordnung. — 1908. Rm 0,50
Wehrbeitrag und **Besitzsteuer.** — 1913. Rm 0,50
Zivilprozeßordnung mit **Gerichtsverfassungsgesetz** und **Einführungsgesetzen.** — 1924. Rm 3,50
Zuwachssteuergesetz. — 1911. Rm 0,50
— **Ausführungsbestimmungen.** — 1911. Rm 0,40
Preuß. Ausf.-Anweis. zur **Gewerbeordnung.** — 1904. Rm 1,—

Schlagwort-Register

R. = Nummer der Sammlung Deutscher Reichsgesetze.
P. = Nummer der Sammlung Preußischer Gesetze.
S. = Seite.

Schlagwort-Register. (R. = Reichsgesetz, P. = preuß. Gesetz.)

Schlagwort-Register. (R. = Reichsgesetz, P. = preuß. Gesetz.)

Schlagwort-Register. (R. = Reichsgesetz, P. = preuß. Gesetz.)

FSC
www.fsc.org
MIX
Papier | Fördert
gute Waldnutzung
FSC® C083411

Kolibri 360 GmbH
Ferdinand-Jühlke-Straße 7
99095 Erfurt, Deutschland
produktsicherheit@kolibri360.de